美容医療を受けてみたいと思ったときに読む本

執筆・編集
Creator's Association of Beauty（CAB）

監修
川島　眞
東京女子医科大学名誉教授/
日本コスメティック協会理事長

メディカルレビュー社

はじめに

かつて、美容医療は特殊な人たちのものであり、表立って話されることはありませんでした。しかし、プチ整形という言葉が生まれ、美容外科での手術からメスを使わない美容皮膚科での施術が拡大し、美容医療は今や身近な存在になりつつあります。本書は、美容医療に興味はあっても、まだ受けたことがない方々、あるいは今受けている施術よりも効果のあるものはないだろうかと感じている方々のために、現在、美容皮膚科の最前線で活躍している女性医師17名が、さまざまな美容上の悩みの起こり方と最新の解決法を解説し、皆さんの疑問と不安を解消して、安心して一歩進んだ美容施術を受けていただくためにつくりました。

この17名の医師たちを「美の創造集団（Creator's Association of Beauty；CAB）」と呼んでいます。美容により患者さんに与えられるものは、かたちの美しさだけではなく、心の豊かさであることを知っている医師たちです。その医師たちが心を込めて、自信をもって伝えたい内容をまとめました。ぜひ、熟読していただきたいと思います。また、本書で肌、化粧、スキンケアにこれまで以上の興味を覚えられた方は、日本コスメティック協会のホームページをのぞいてみてください。そこには、美容医療を受ける前に知っておくべき基本知識を学ぶチャンスが広がっています。世にあふれている、間違った情報を正すこともできます。この書とともに活用していただきたいと思います。

監修　東京女子医科大学名誉教授/
日本コスメティック協会理事長
川島　眞

執筆・編集/監修　一覧

執筆・編集

Creator's Association of Beauty（CAB）

監修

川島　眞

東京女子医科大学名誉教授/日本コスメティック協会理事長

CABとは？

CABとは、皮膚科・美容皮膚科診療のリーダーである女性医師の集団です。世のなかにあふれる美容施術、サプリメント、化粧品などのなかから、効果、安全性、患者満足度において真にエビデンスのある施術、製品のみをセレクトして正しい情報発信を行うことを目的としたアドバイザー集団として2022年春に誕生しました。

CABは以下の４項目をミッションとして掲げています。

- エビデンスに基づく効能評価
- 安全性のデータ収集
- 患者満足度・QOLの向上
- 信頼し得る機器・製品の情報提供

CABメンバー

今泉明子

今泉スキンクリニック院長

https://imaizumisc.or.jp/

小田富美子

小田ひ尿器科・ふみこ皮フ科

https://oda-clinic.jp/fumiko/

木村有太子

順天堂大学皮膚科非常勤講師

https://www.juntendo.ac.jp/hospital/clinic/hihu/

栗原麻菜

まな皮ふ科クリニック院長

https://mana-skin.com/

小濵麻衣

マイ形成外科スキンクリニック院長

https://mk-keisei.jp/

小柳衣吏子

アオハルクリニック院長

https://aohalclinic.jp/

田中志保
元麻布スキンクリニック院長
https://www.motoazabu-skin.com/

千葉真美
まみ皮膚科クリニック院長
https://mami-hifuka.com/

津坂聡子
つさかこどもおとな
皮膚科・泌尿器科院長
https://tsusaka-clinic.com/

土屋佳奈
つちやファミリークリニック
浅草院院長
https://tsuchiya-family-asakusa.com/

中崎恵美
emi スキンクリニック松濤院長
https://emi-skin.jp/

野村有子
野村皮膚科医院院長
https://www.nomura-hifuka.com/

藤本智子
池袋西口ふくろう皮膚科
クリニック院長
https://fukurou-hifuka.com/

堀内祐紀
秋葉原スキンクリニック院長
https://www.akihabara-skin.com/

向久保寿恵
パンジー皮膚科クリニック院長
https://pansy-skin.com/

山本晴代
近畿大学皮膚科非常勤講師
https://www.med.kindai.ac.jp/
derma/

渡邊千春
千春皮フ科クリニック理事長
https://chiharu-hifuka.com/

川島　眞
東京女子医科大学名誉教授/
日本コスメティック協会理事長

CONTENTS

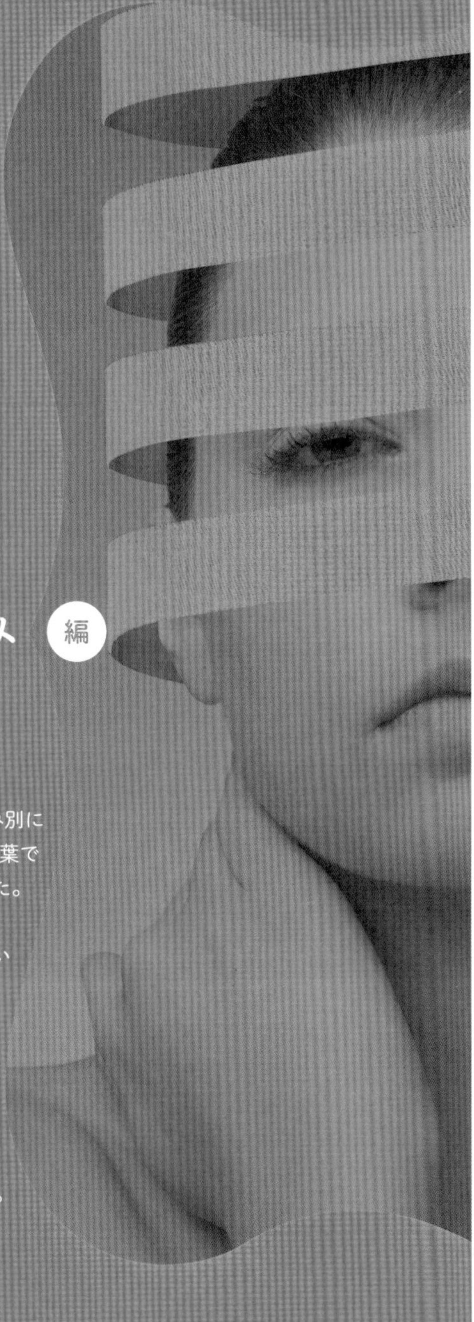

第1章 肌のお悩み 編

肌のお悩み別に
わかりやすい言葉で
丁寧に解説しました。

もう少し詳しく知りたい
言葉が出てきたら、
90ページから始まる
「美容keyword解説」を
ご参照ください。

肌のお悩み解決の第一歩は、
正しい知識をもつことです。

シミ・そばかす

シミ・そばかすってなに？　どうしてできるの？

顔や腕にできる茶色から黒褐色の平坦なシミを日光黒子《こくし》（老人性色素斑）と呼びます。これは光老化の症状の１つです。光老化とは、長年、太陽光線にさらされてきた影響で皮膚に起こる変化のことで、シミ、シワ、たるみが代表的なものです。シミは、太陽光線のなかでもとくに紫外線Ｂ波によりメラノサイトが活性化されて表皮の基底層で過剰にメラニンが産生され、それが表皮内に蓄積してしまうために起こります。径 2、3mm 大の小さなものから径 5㎝ぐらいの大きなものまであります。このシミが徐々にいぼ状に盛り上がってできた腫瘍を老人性疣贅《ゆうぜい》または脂漏性《しろうせい》角化症と呼びます。腫瘍ではありますが良性で、皮膚がんになることはありません。

そばかすは両頬、目のまわり、鼻などに径 2、3mm 大の茶色から褐色の小さいシミが多数みられるものです。病名としては雀卵斑《じゃくらんはん》になります。スズメの卵の殻にある茶色い小さな斑点に似ているところから名付けられました。小学性のころから出はじめるもので、遺伝的な素因をもった方に起こる色素沈着です。白人に多く、海外では子どもらしさの象徴と考えられています。そのため、子どものころはあまり気にされませんが、成人してから気になりはじめ、取り除きたいと相談に来られる場合がしばしばあります。なお、大人のシミと同様に太陽光線に影響されます。

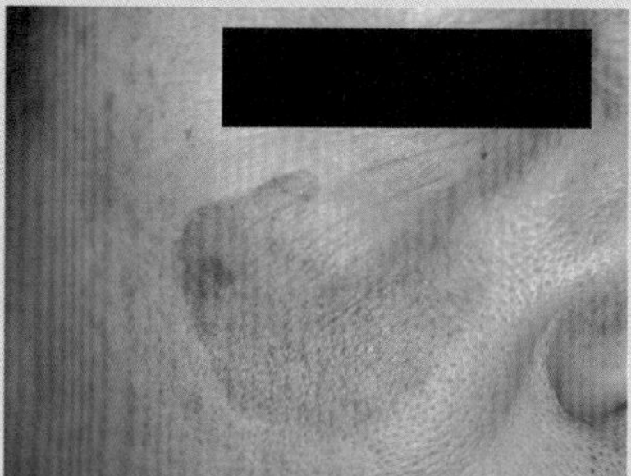

シミ（日光黒子、老人性色素斑）

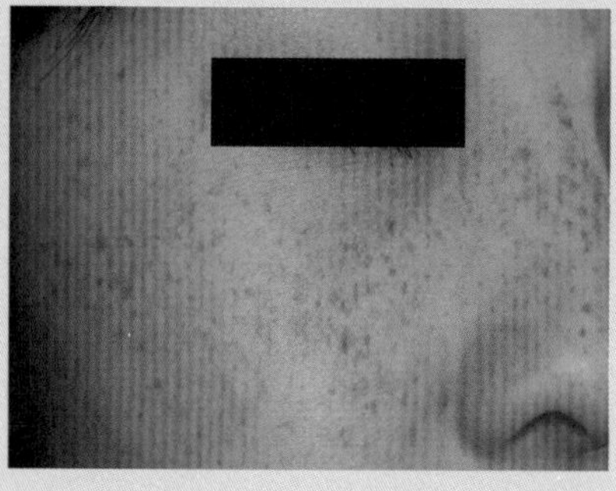

そばかす（雀卵斑）

セルフケアでよくなりますか？

美白成分の入った医薬部外品の化粧品が数多く販売されていますが、日光黒子、そばかすに対しては長期間塗ったとしてもその効果は限られています。やや薄くなる程度と考えておいたほうがよいでしょう。医療機関で入手できるハイドロキノンやシステアミンが含有された美白化粧品を自宅で使用することも可能ですが、日光黒子やそばかすを化粧品だけで完全に消すことは難しいと覚えておいてください。

飲み薬も市販されていますが、日光黒子やそばかすについて臨床試験が行われたものはほとんどなく、その効果が科学的に証明されたものはほとんどないと考えておいたほうがよさそうです。

美容医療ではどんな治療が受けられますか？

シミやそばかすの色素に吸収される波長をもつ、ルビーレーザーやアレキサンドライトレーザーを用いたＱスイッチレーザー、ピコ秒レーザーなどが高い有効性を示します。一旦黒いかさぶたになり、かさぶたとともに色素が除去されます。いわゆるダウンタイムのある治療法ですが、1回あるいは2回の治療で十分に満足できる結果が得られます。

IPL照射もシミやそばかすの治療に広く行われています。細かいかさぶたがわずかにできる程度のため、ダウンタイムはありません。1カ月おきに5回以上は受ける必要がありますが、誰にも気づかれず、シミ、そばかすだけではなく肌全体の若返りも得られるため、人気の高い治療法です。

肝斑

肝斑《かんぱん》ってなに？　どうしてできるの？

肝斑とは、30 ～ 50 歳代のアジア人女性の顔にみられることの多い色素沈着症です。ラテンアメリカ諸国では 4.1 ～ 8.8％なのに対し、タイでは 33％にみられたというデータがあります。肝斑は、顔の左右にほぼ対称に現れる淡褐色から淡灰色の色素斑で、頬に現れることが多いですが、額や口のまわりにもできます。シミやそばかすが円形で色が濃く、境界がくっきりしているのに比べ、肝斑は木の葉あるいは刷毛でなでたようなかたちでまわりとの境界ははっきりしません。また、肝斑とほかのシミが同時に現れることもあり、それを見分けることは経験豊富な皮膚科医でなければ難しいこともあります。

肝斑は、20 歳代以降の女性に発症しやすく、また、妊娠やピルの内服を機に悪化し、閉経後に軽快することから、女性ホルモンが発症に関係しているのは間違いありません。また、強い紫外線にあたることも悪化要因になります。家族内で肝斑が現れる頻度が 48％ともいわれていることから遺伝的な素因もあると考えられるほか、人種差があることもわかっています。洗顔、化粧時の摩擦やパッティングなどの刺激、精神的、肉体的ストレスなどでも悪化することがあります。

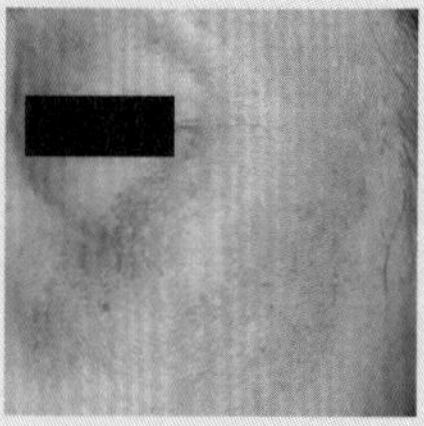

頬に広がる肝斑

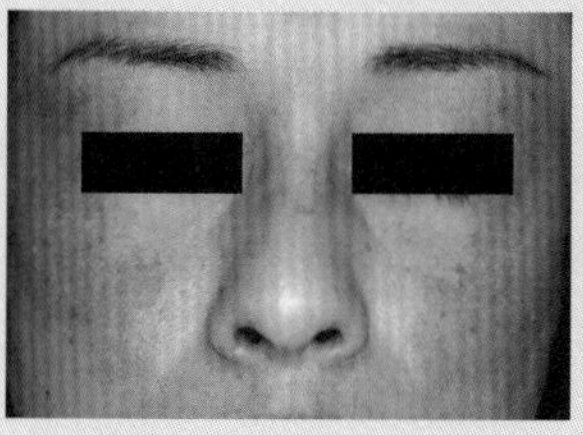

肝斑
頬から目のまわりに色素斑がみられる

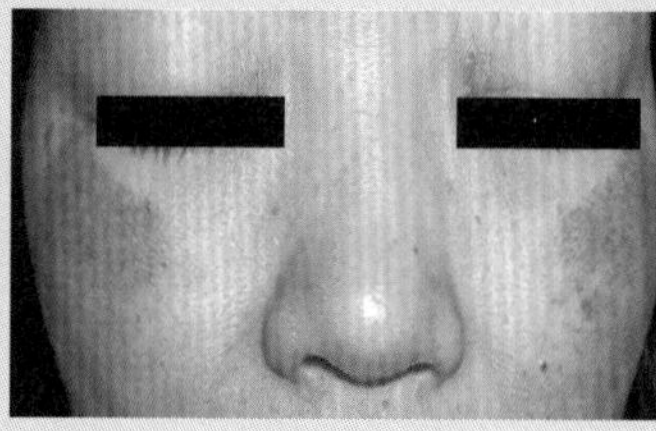

両頬の肝斑

セルフケアでよくなりますか？

完治は難しいものの、肝斑の悪化因子である紫外線、摩擦などを避けることで改善を期待できます。紫外線対策としては、サンスクリーン剤や紫外線防止効果のあるファンデーションの日常的な使用、サングラス、帽子、日傘による物理的な遮光がお勧めです。摩擦予防としては、メイク落とし、洗顔、スキンケアなどの際に肌をこすらないよう心がけることが重要です。最近ではマスクによる摩擦が原因と思われる肝斑の悪化例が増えているため、摩擦の生じにくい肌触りのよいマスクを選ぶとよいでしょう。

美容医療ではどんな治療が受けられますか？

肝斑は軽微な炎症を伴っているとされており、ほかのシミやそばかすなどの色素沈着症に有効なレーザー治療やIPL照射では、炎症後色素沈着を起こしてかえって悪化してしまうことがあります。したがって、まずはメラニン合成と炎症を抑制する作用をもつトラネキサム酸、ビタミンCの飲み薬が第一の選択肢です。それに加えて、ハイドロキノン、システアミンなどの医療機関専売の美白化粧品も有効です。施術としてはケミカルピーリング、イオン導入、エレクトロポレーション、レーザートーニングなどがあります。なかでもNd：YAGレーザーを低出力で頻回に照射するレーザートーニングは、単独でも肝斑への有効性と安全性が認められており、飲み薬と美白化粧品も併用して複合的に治療することで、さらに高い効果が得られることが知られています。肝斑の程度や患者さんの希望により、治療方法が検討されます。ほかのシミと同時に生じているときには、まず肝斑の治療を優先し、残ったシミに対して適切な施術を加えます。

太田母斑・後天性真皮メラノサイトーシス

太田《おおた》母斑《ぼはん》，後天性真皮メラノサイトーシスってなに？　どうしてできるの？

太田母斑は額、目のまわり、頬、鼻、耳介に生じる青色のアザで、通常は顔の片側のみに現れます。太田母斑はメラノサイトが真皮に集まってできるアザで、生後半年以内に生じることが多いのですが、思春期に新たに発症したり、色が濃くなったりすることもあります。典型的な太田母斑は青紫色から灰青色（青色がかった灰色）で、ときに褐色調にみえることもあります。さらに眼球の白目に、青色の色素が現れることがあります。比較的女性に多い疾患です。

後天性真皮メラノサイトーシスは、ADM（acquired dermal melanocytosis）と呼ばれることもあるもので、額、目のまわり、頬、鼻に左右対称性に生じます。青褐色から少し灰色がかった斑点状の色素斑で、真皮にメラノサイトが存在している状態です。20 歳代以降の女性に多く、女性ホルモンや紫外線などの刺激により真皮のメラノサイトの活性化が起こり、後天性真皮メラノサイトーシスが発症するのではないかといわれています。太田母斑でみられるような眼球の白目に色素が現れることはありません。また、ほかのシミと混在していることが多く、とくに肝斑《かんぱん》との混在例では診断が難しい場合もあります。

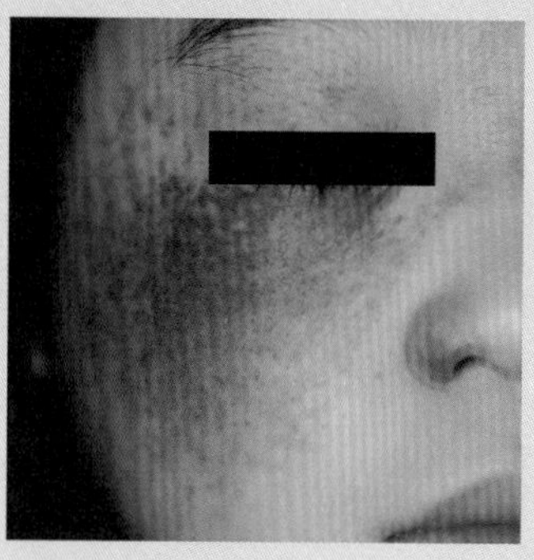

太田母斑

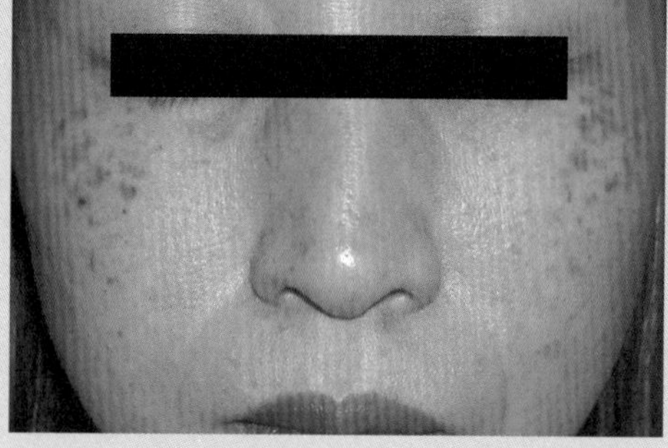

両頬の後天性真皮メラノサイトーシス

セルフケアでよくなりますか？

太田母斑、後天性真皮メラノサイトーシスは、残念ながら自然に消えることはありません。ご自身でできることとしては、さらに濃くなることを予防するために紫外線対策をしっかりとすることと、色味をうまく隠せる特殊なファンデーションを使用することです。

美容医療ではどんな治療が受けられますか？

太田母斑、後天性真皮メラノサイトーシスともに、Ｑスイッチルビーレーザー、Ｑスイッチアレキサンドライトレーザー、ピコ秒レーザーなどによる治療が有効です。太田母斑では保険適用となるレーザー治療もありますので医療機関で確認するとよいでしょう。

レーザーを照射すると一旦黒いかさぶたになり、かさぶたとともに色素が取れるため、ダウンタイムがある治療法といえます。シミと違い１回では効果がなく、2、３カ月おきに３～５回程度の治療が必要となります。

レーザー治療が登場する前は、ドライアイスを強く押しあててメラノサイトを破壊する方法や、アザのある部分の皮膚を入れ替える植皮術など、負担の大きい手段しかありませんでした。レーザー治療により負担は軽くなり、効果は大きく向上しました。

くま

くまってなに？　どうしてできるの？

くまは、目のまわりの肌、とくに下まぶたが黒っぽくみえる状態です。なお、くまは病名ではなく、目のまわりの色のトラブルの通称です。

くまはその成り立ちから３つのタイプに分類されます。茶くまは、メラニン色素の沈着によるもので、アレルギーなどで目のまわりがかゆくなり、くり返しこすることによって起こる炎症後色素沈着と呼ばれるものです。青くまは、血行不良によって引き起こされる、やや青みがかった黒っぽい色調のものです。黒くまは目の下の脂肪のたるみやくぼみにより影ができて黒くみえる状態です。したがって、それぞれのタイプに応じて対処法が異なります。茶くまは湿疹などのかゆみの原因の治療を行うことが大切で、その治療をしたうえで美白治療をします。また、茶くまと青くまは同時に発生していることも多いことから、どちらにも対処する方法として、美白化粧品の使用と適度なマッサージ、十分な睡眠などが勧められます。黒くまについては、重度の場合にはたるんで飛び出した脂肪を外科的手術で取り除くこともあります。軽いものではヒアルロン酸製材などの注入によりでこぼこをなめらかに整えることもあります。

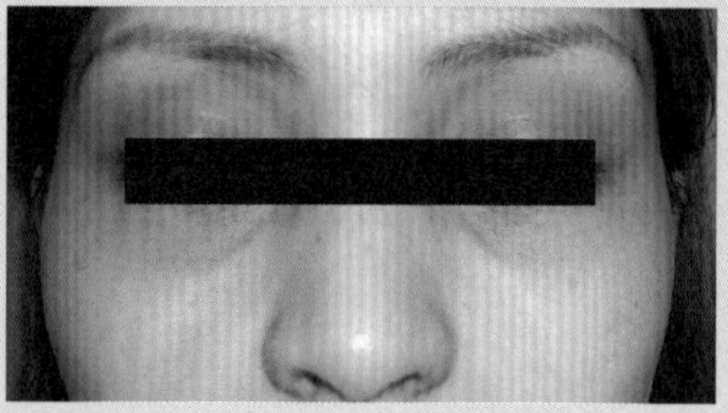

目のまわりの茶くま

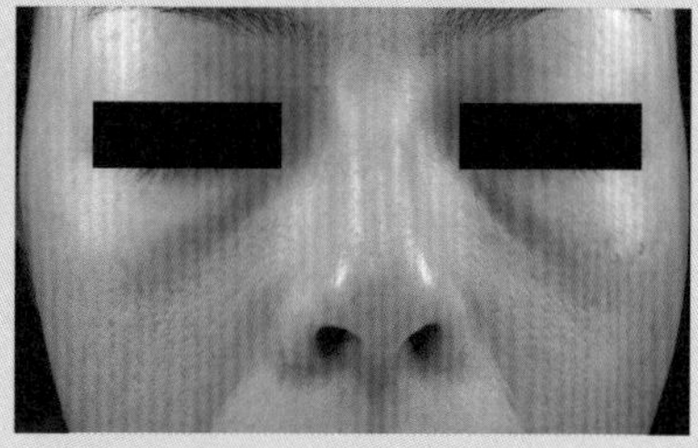

目の下から頬の黒くま

セルフケアでよくなりますか？

茶くまは炎症後色素沈着のため、美白化粧品や医療機関で処方されるハイドロキノンやシステアミンの化粧品などで症状を軽くすることが可能です。ただし、肌の炎症が治まってから使用を開始してください。青くまは、適切な血流改善のマッサージを行うことにより一時的な改善が期待できます。黒くまは脂肪の突出やくぼみが生じているため、セルフケアでの改善は難しいです。

美容医療ではどんな治療が受けられますか？

茶くまには塗り薬での治療が主流です。青くまには、レーザー、高周波（radio frequency；RF）による温めやマッサージによって血流を改善させます。黒くまには、脂肪の突出を減らす外科的治療、ヒアルロン酸製材やコラーゲン製材を注入してくぼみを埋め、でこぼこを少なくして影を目立たなくする方法などが行われます。

CABワンポイントレッスン！

塗ったのに日焼けしたのはどうして？

サンスクリーン剤を塗っていたのに日焼けしてしまったという経験をおもちの方は多いのではないでしょうか？　サンスクリーン剤にはSPF、PAという機能表示があり、この機能を測定する際には、2mg/cm^{2}の量を塗って光線をあてる決まりがあります。ところが、「多くの人は実際には2mg/cm^{2}の半分以下しか塗っていない」という研究報告があります。つまり、普段塗っている量では表示の半分以下の機能しか発揮されていないおそれがあるということです。そのため、塗ったつもりでも日焼けしてしまうことが起こるのです。サンスクリーン剤は厚塗り、できれば２度塗りが必要です。

くすみ

くすみってなに？　どうして起こるの？

くすみは美容の世界ではよく使われる言葉ですが、医学用語ではなく、皮膚科医も明確な診断基準はもっていません。化粧品業界から示されたくすみの定義を噛みくだくと、「肌の赤みが減少して黄みが増す」、「肌のつや、透明感が減る」、「肌表面の凹凸などによる影のため明度が低下する」ということになり、これらは、加齢、光老化、季節の変化、疲労、睡眠不足などが複合的に作用して起こるとされています。黄みが増すのは、紫外線により肌で活性酸素が発生して過酸化脂質が増加し、その分解産物と蛋白質が反応して産生された終末糖化産物が黄色くみえるためとされています。そのほか、シミほどではありませんが、顔全体でメラニンを排出する力も低下していると考えられます。

セルフケアでよくなりますか？

光老化による悪化を避けるために、サンスクリーン剤を日常的に使用することが大切です。そのうえで、肌のつや、透明感の低下については、保湿化粧品によって改善が期待できます。また、美白化粧品でも多少の改善効果は期待できます。そのほかの原因によるくすみに対しては医療機関での施術が必要です。

美容医療ではどんな治療が受けられますか？

ハイドロキノンやシステアミンの配合された化粧品、IPL照射、レーザートーニングでメラニンを減少させ、ケミカルピーリングやトレチノインの塗り薬で余分な角層を取り除くとともに皮膚の新陳代謝（ターンオーバー）を正常化してメラニンの排泄を促します。そのほか、エレクトロポレーションやイオントフォレーシスで美白や保湿の成分を肌に導入します。メラニンを還元したり、抗酸化作用で終末糖化産物の産生を抑えたりすることを目的に行う高濃度ビタミンC点滴も有益です。

ハリの低下

ハリの低下ってなに？　どうして起こるの？

肌のハリがなくなったという悩みは、30 歳代後半から始まることが多いようです。ハリが低下した状態とは、たるみにまでは至っていないものの、若いころに比べて肌にピンとはった感じがなく、少し下がってきたように感じられるというものです。この原因は皮膚の真皮にあります。真皮の構造を支えているのは、細胞外マトリックス（extracellular matrix；ECM）と呼ばれるコラーゲン、エラスチン、ヒアルロン酸などですが、加齢と光老化によってこれらの成分は変性し減少してきます。そのため、肌を水平方向に引っ張る力が衰え、ハリがなくなったと感じるのです。この状態がさらに進むと、肌の重さに耐えきれず下垂してしまいたるみとなります。

セルフケアでよくなりますか？

セルフケアで ECM を再生することはできません。しかし、ハリの低下の進行をできるだけ遅くして、将来的なたるみを軽くすることはできます。それは、サンスクリーン剤を使用して、光老化を防ぐ努力を続けることです。サンスクリーン剤は 1 年中、室内でも使用する習慣をつけることが大切です。

美容医療ではどんな治療が受けられますか？

IPL 照射、マイクロニードリング治療、フラクショナルレーザー治療、エレクトロポレーション治療、ECM リモデリング治療、ボライト注入、高周波（radio frequency；RF）治療、赤外線照射、トレチノイン外用治療、プラセンタ点滴などさまざまな方法が試みられています。真皮内で熱あるいは機械的作用により障害を生じさせ、それが修復される過程で ECM を線維芽細胞につくらせる、もしくは、線維芽細胞が ECM をつくる材料を補充するなどといった治療が行われます。

シワ

シワってなに？　どうしてできるの？

シワは年齢を重ねることによって肌に生じる線状のくぼみで、顔を中心に首、手の甲などに現れます。そのでき方からいくつかの種類があり、大きく、乾燥ジワ（小ジワ、ちりめんジワ、表皮ジワ）、光老化による中ジワから大ジワ（真皮ジワ）そして表情ジワに分けられます。

乾燥ジワは目尻などを中心にみられる細かいシワで、肌の乾燥、すなわち角層の水分量の減少によってできる表面的な変化です。加齢とともに角層の水分を保つ機能は徐々に衰えてきます。そして季節や空調などによる空気の乾燥が、細かいシワの発生を加速させてしまうのです。

シワについて考えるときに覚えておきたい重要な現象に、光老化があります。光老化とは太陽光線に長期間さらされて起こる肌の変化のことです。太陽光線のうちの紫外線、とくに長波長紫外線（紫外線Ａ波）は、表皮の下にある真皮まで侵入して、活性酸素という肌を錆びさせる分子を発生させます。それによって真皮にあるコラーゲンやエラスチンが傷つけられて、ハリを保てなくなるためにできるくぼみが中ジワから大ジワです。また、コラーゲンやエラスチンのあいだを埋めているヒアルロン酸なども年齢とともに減少します。そのために、深いシワも形成されてしまいます。

笑うと目尻にシワが寄り、怒ると額の横ジワと眉間の縦ジワができます。こ

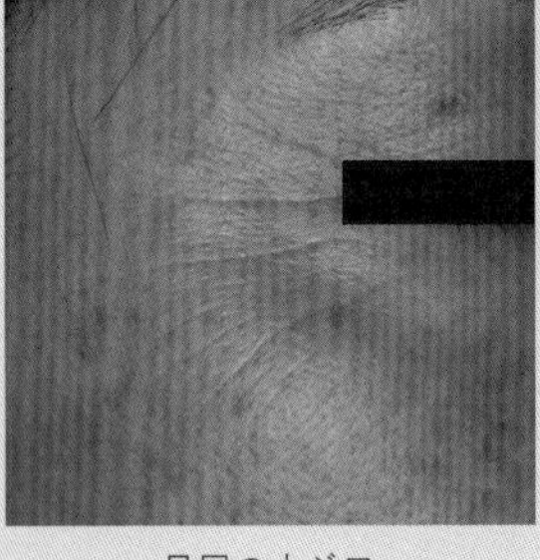

目尻の小ジワ

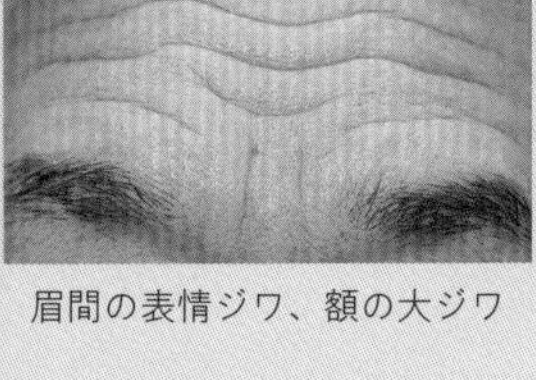

眉間の表情ジワ、額の大ジワ

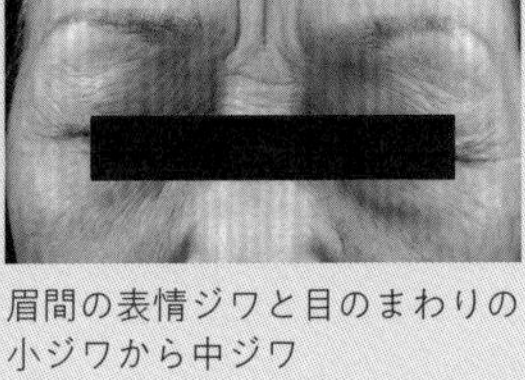

眉間の表情ジワと目のまわりの小ジワから中ジワ

れは目のまわりや額にある表情筋と呼ばれる筋肉が、笑いや怒りの感情に連動して収縮することにより、筋肉の上にある皮膚も縮むためにできるシワで、表情ジワと呼びます。表情ジワは、若い時期は表情が収まればもとに戻りますが、加齢にしたがって完全にはもとに戻らなくなり、通常の感情の状態でもシワが残るようになってきます。

セルフケアでよくなりますか？

乾燥ジワはセルフケアでも十分に改善します。角層の水分量の減少がおもな原因のため、スキンケアとして化粧水でたっぷりと水分を補い、美容液、クリームで天然保湿因子やセラミドなどの保湿因子を補うことで目立たなくなります。「乾燥による小ジワを目立たなくする」という効果をうたう化粧品も数多くみられます。これらを使用するとよいでしょう。

医薬部外品の化粧品で「シワを改善する」とうたうものがいくつか出ています。これらは臨床試験を行い、効果が確認されたものです。ただし、効果は小ジワと中ジワの一部に限られます。中ジワ、大ジワには美容医療での対処が必要です。

美容医療ではどんな治療が受けられますか？

乾燥ジワは保湿化粧品によるセルフケアで治療するため、医療機関ではセラミド、ヒアルロン酸などの保湿成分が豊富に含まれた化粧品が出されるでしょう。医療機関には臨床研究で保湿機能が証明された化粧品が置いてあることが多いです。

中ジワに対しては、抗シワ成分の含まれた医薬部外品の化粧品が出されることもありますが、多くの場合は以下の治療法が選択されます。

中ジワ、大ジワには、ヒアルロン酸製材の注入、マイクロニードリング治療、ECM リモデリング治療、再生治療の PRP 治療などを行います。

表情ジワには、表情筋の動きを抑制してシワの形成を抑えるボツリヌストキシン製剤を使った治療が行われます。

たるみ

たるみってなに？　どうしてできるの？

シワは表皮から真皮の浅いところで起こる構造変化ですが、たるみはもっと深い場所で起こる複合的な変化です。たるみには重力が大きく関係しているため、仰向けになったり、頬の皮膚を手で引き上げたりしたときに目立たなくなるものです。若いころは、真皮のコラーゲン、エラスチン、そして皮膚の下の皮下脂肪中にあるコラーゲンが、重力に逆らって皮膚が下がるのをくい止めてくれます。また、筋肉の下垂を防ぐ表在性筋膜（superficial muscular aponeurotic system；SMAS）や、皮膚や皮下組織と筋肉・骨をつないで支える支持靱帯があり、これらが皮膚を支えてたるみを防いでいます。

ところが加齢に伴い、真皮にあるコラーゲン、エラスチンが減少、変化するために皮膚が伸び、その下の脂肪組織中のコラーゲンも萎縮します。さらにはSMAS、支持靱帯もゆるんでしまい、結果として皮膚の組織全体を支える力が弱くなります。このような状態で顔を上げると、重力により皮膚、脂肪組織、筋肉が下がり、それ以上伸びきれないところに溜まって、たるみとなるのです。

たるみが目立ちやすい部位としては、目頭の下から頬にかけてのゴルゴライン、鼻のわきから口まわりのほうれい線、口角から下方のマリオネットラインがあり、最も大きいたるみはフェイスラインに現れます。

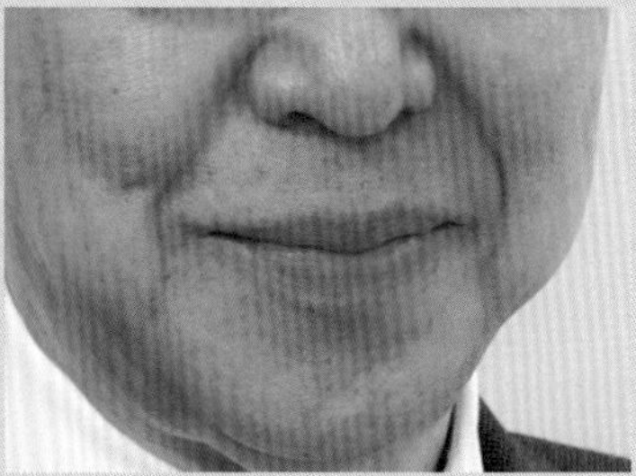

たるみ
ほうれい線、マリオネットライン

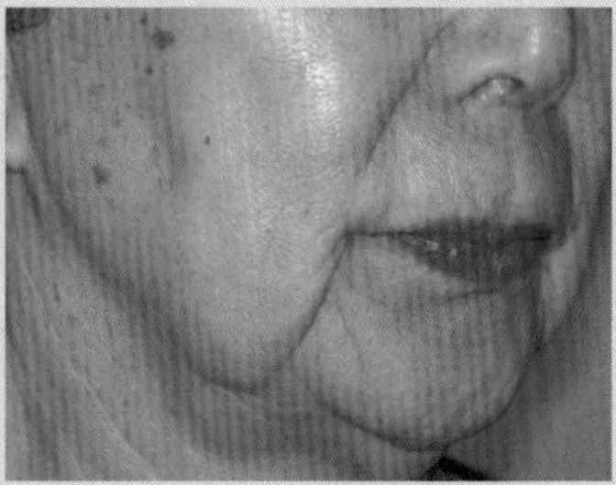

たるみ
マリオネットライン

セルフケアでよくなりますか？

このような加齢変化をセルフケアで戻すことは不可能です。さらなる進行を遅らせるために、サンスクリーン剤を使用して光老化の進行を止めることは大切です。たるみのできる仕組みを考えると化粧品でたるみの改善を期待することは困難であるとおわかりいただけると思います。化粧品はたるみの原因となる部位にまで入って作用することはできません。

美容医療では何ができますか？

高周波（radio frequency；RF）治療、高密度焦点式超音波（high intensity focused ultrasound；HIFU）治療、ヒアルロン酸製材、コラーゲン製材などの注入、スレッドリフトのほか、外科的なリフティング手術などで治療します。

RF 治療では、真皮から皮下組織に垂直方向に熱エネルギーを与え、コラーゲンに熱変性を起こすことで、それが回復する過程で起こるコラーゲンの収縮によって皮膚と皮下組織を引き締めます。

HIFU 治療では、超音波を筋膜など真皮深層の 1 点に集中させて熱エネルギーを与えます。顔全体の複数箇所に照射することにより、伸びた皮膚、皮下組織を直線的に水平方向に収縮させます。さらにその熱エネルギーの到達する深さを変えることで、垂直方向にも収縮させることができます。これにより、水平方向のリフティング効果と垂直方向のタイトニング効果が期待できます。

ヒアルロン酸製材やコラーゲン製材を萎縮した部位に注入する治療もたるみ改善の効果があります。下垂した部分の上方に注入することにより、下垂した部分をもち上げることも可能ですが、多量に注入すると自然さが失われます。

糸を使うスレッドリフトで脂肪組織の位置を引き上げることも、たるみに効果的です。現在では、切らないリフトアップ治療としてさまざまな治療を組み合わせることが主流となっています。重症例に対しては外科的なリフティング手術をするという手段がありますが、その前に試してみる価値のある方法はいろいろと登場しています。自分の状態にはどんな治療の組み合わせが適しているか医師に相談してみましょう。

毛穴の開き

毛穴の開きってなに？　どうして起こるの？

頬や鼻には、肌表面に水分保持やバリア機能（保護機能）に大切な皮脂膜をつくるために、皮脂を産生する皮脂腺が豊富にある脂腺性毛包《しせんせいもうほう》と呼ばれる毛穴があります。10 歳代、20 歳代ではこの皮脂腺の活動が活発であるために毛穴の出口の角質が増え、角栓ができて毛穴が広がって目立つことがあります。また、この毛穴の詰まりは、にきびの始まりである面皰《めんぽう》（コメド）にもなります。30 歳代、40 歳代になると角栓は減ってきますが、開いた状態の毛穴が加齢変化で閉じなくなります。50 歳代以降では、肌が徐々に下垂していくために毛穴の開きが縦方向に伸び、いわゆるたるみ毛穴になります。また、全年代において、産毛により毛穴が黒く広がってみえている場合もあります。

毛穴の開き
（にきび痕も混在している）

たるみ毛穴

セルフケアでよくなりますか？

若い時期の毛穴の開きは角栓を除去するにきび治療薬でよくなりますが、市販の塗り薬ではその作用はありません。角栓を除去するテープもありますが、効果は一時的で、除去しすぎるとむしろ悪化する場合があります。30 歳代以降の毛穴の開きやたるみ毛穴にはセルフケアで十分な効果のあるものはありません。

美容医療ではどんな治療が受けられますか？

10歳代、20歳代では、角栓除去作用のある過酸化ベンゾイルやアダパレンなどが含有された塗り薬がよく、保険診療の範囲で使用されています。自費診療であれば、角栓除去、毛穴の角化の正常化を目的にイソトレチノイン含有の塗り薬を使用します。ケミカルピーリングも角栓除去、毛穴の開きに効果があります。30歳代以降では、角栓の除去だけでは改善が難しいため、同時に肌の若返り治療が行われます。熱による引き締め効果を狙ったIPL照射、フラクショナルレーザー治療、毛包上皮のターンオーバーを促すケミカルピーリングやハイドラフェイシャル®、産毛に対するレーザー脱毛、ダーマペンや水光注射、POTENZA®などによるマイクロニードリング、ヒアルロン酸製材注入、ECMリモデリング治療、マイクロボトックス注射などさまざまな治療法が行われます。

CABワンポイントレッスン！

サンスクリーン剤を塗るとビタミンDが不足する？　これほんと？

ビタミンDは骨密度の維持に大切である、妊娠の継続に重要であるなどと聞いたことがある人は多いでしょう。ビタミンDは、そのほかにもさまざまな機能をもっていることがわかっています。ビタミンDは太陽光線があたって肌でつくられるため、「サンスクリーン剤を塗るとビタミンD不足になる」、「日焼けはすべきだ」といわれることがあります。

しかし、美容的には光老化は避けたいもの。一体、どうすればよいのでしょうか。ビタミンDは、キノコ類などを食べることでも補充はできますが、十分な量のビタミンDを摂るにはたくさんの量を食べなくてはなりません。そこで使っていただきたいのが、ビタミンDのサプリメントです。サンスクリーン剤をたっぷり塗ってビタミンDのサプリメントを摂るのが、美肌と健康維持の両立には好ましいのです。

にきび

にきびってなに？　どうしてできるの？

にきびの病名は尋常性《じんじょうせい》痤《ざ》瘡《そう》というもので、日本人では90％以上の方が経験するといわれているありふれた皮膚病です。思春期から始まり、通常では成人する前に治りますが、20歳代以降でもくり返す方もいます。

にきびは顔、胸、背中の脂腺性毛包《しせんせいもうほう》と呼ばれる皮脂腺の発達した毛穴に起こります。毛穴には皮脂腺が付属しており、毛穴を通して皮脂を皮膚表面に排出しています。思春期になって性ホルモンの産生が高まると皮脂腺の活動も高まり、その影響で毛穴の出口が角質で詰まって大量につくられた皮脂が毛穴の中に溜まり、小さなぶつぶつが生じます。これがにきびの始まりの面皰《めんぽう》で、コメドとも呼ばれます。面皰はわずかに盛り上がっていますが、赤みはありません。実はこの段階で治療を開始すると、にきび痕を残さずにきれいに治すことが可能なのです。

毛穴には皮脂を食べるにきび菌（*C. acnes*）が常在しており、皮脂が溜まるとこのにきび菌が増えて炎症が起こり、炎症性皮疹と呼ばれる赤にきび（紅色丘疹《きゅうしん》）や膿をもった黄にきび（膿疱《のうほう》）になります。これが1個できただけでも、気持ちが落ち込んでしまうこともあります。

ひどくなると、面皰や炎症性皮疹が100個以上顔にできたり、大豆から指の先ぐらいの大きさのしこりや袋状のものが現れたりします。このような状態になると、治療後も一生涯残るにきび痕ができてしまいます。

にきびが悪化する原因の1つには、性ホルモンのバランス異常があります。

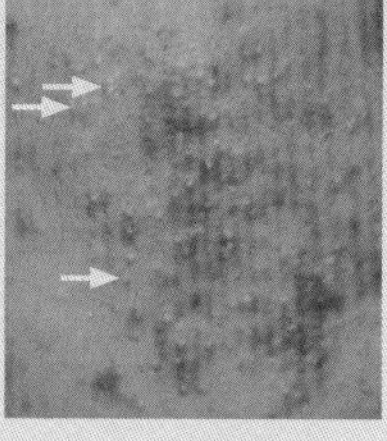

にきびの始まりである白色面皰（コメド）（白矢印）と炎症性皮疹（紅色丘疹）との混在

胸のにきび

思春期にでき始めたり生理前に悪化したりするのはそのためです。20歳代、30歳代女性の顎の部分にできる治りにくいにきびは、ストレスや食生活が関係していることがあります。甘いものや油っこいものの食べ過ぎや、不摂生な生活もにきびを悪化させます。

セルフケアでよくなりますか？

にきびには朝晩2回の洗顔が欠かせません。洗顔料をしっかり泡立てて優しく丁寧に洗いましょう。ある食べ物がきっかけで何度かにきびが悪化した経験があれば、それは制限したほうがよいですが、基本的にはバランスのよい食事をとり、規則正しい生活、気分転換を心がけ、時にはおいしいものを食べてストレスを減らすこともにきびを改善させるためには大切です。

薬局で販売されているにきび用医薬品は医療機関で処方される医薬品に比べると効果が落ちます。自分でつぶすと痕を残すため要注意です。

美容医療ではどんな治療が受けられますか？

にきびの治療は保険診療が原則です。面皰を改善し、にきび予防にもつながるアダパレンや過酸化ベンゾイルが配合された塗り薬の使用が基本です。クリンダマイシンをはじめとする抗菌剤の塗り薬、時には飲み薬もにきび菌に対して使用します。抗菌剤は耐性菌を生じさせないために原則としては3カ月以上は使用しません。体質改善として漢方薬を使用することもあります。

自費診療になりますが、細い針をにきびに刺入して高周波（radio frequency；RF）を流して、にきび菌や炎症を起こしている白血球を熱作用で死滅させ、さらには皮脂腺を部分的に破壊して皮脂産生を抑える機器（AcGen™、Agnes）があります。また、最近登場した機器として、皮脂に吸収されて熱に代わり、皮脂腺を破壊するレーザー治療器（AviClear®）があります。長期間にわたって効果が持続します。そのほかに、高濃度ビタミンC配合ジェルも、にきび予防やにきび痕を改善させる効果が期待できます。

にきび痕

にきび痕ってなに？　どうしてできるの？

尋常性《じんじょうせい》痤瘡《ざそう》、すなわちにきびの治療法は以前に比べると随分進歩しました。保険診療の範囲内でもさまざまな塗り薬が使えるようになり、飲み薬との併用で多くのにきび患者さんに満足してもらえる結果を出せるようになりました。しかし、治療が遅れた場合や、重症のにきびの場合、瘢痕《はんこん》という一生涯続く痕（にきび痕）が残ってしまうことがあります。

にきびは毛穴の詰まりから始まり、毛穴全体の炎症に進みますが、この炎症を起こした赤にきび、黄にきびは、治ってもしばらくのあいだは平坦な赤い斑点（炎症後紅斑《こうはん》）となって残ります。また、時には褐色の色素沈着（炎症後色素沈着）となることもあります。さらには、炎症を起こしたにきびの10個に1個ぐらいは放っておくと瘢痕になるといわれています。にきびでは毛穴の炎症が、真皮の浅いところから中間ぐらいの深さで起こり、周囲の真皮にも炎症は波及します。そのため、炎症が治まった後に毛穴周囲の真皮に火傷の痕のようなひきつれが残ってしまい、肌表面を下に引っ張るようなくぼんだ痕（萎縮性瘢痕）が生じてしまいます。にきび痕はアイスピックで刺したような痕や、なだらかにくぼんだ痕など、かたちはさまざまです。また、このような明らかにくぼんだ瘢痕のほかに、毛穴がわずかにくぼんだ程度の微小瘢痕と呼ばれるものもあります。

そのほかに、盛り上がった袋状の痕や硬いしこりを残してしまう重症のにき

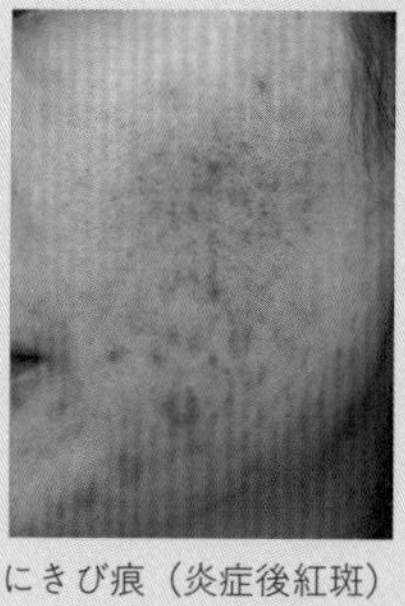

にきび痕（炎症後紅斑）

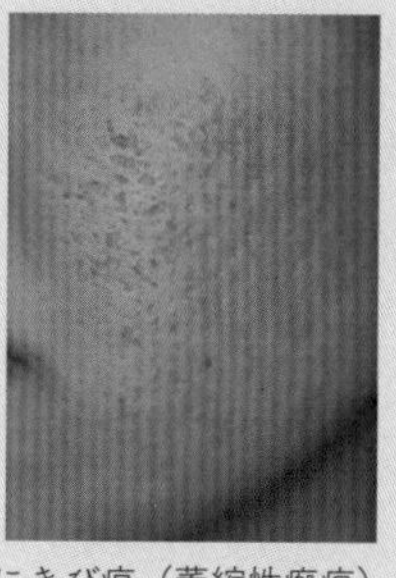

にきび痕（萎縮性瘢痕）

びもあり、治療には難渋します。

にきび自体も悩みの種になりますが、にきび痕は無治療では消えることはないため、さらに大きな悩みになります。

セルフケアでよくなりますか？

まずお伝えしたいのは、にきびは早期治療開始が痕を残さないために最も大切ということです。にきびのできはじめに自分でつぶしていた方と、早くから医療機関で治療を受けた方では瘢痕の残り方に差がみられました。たかがにきびと考えずに、早めに医療機関に相談することをお勧めします。

にきび治療後の炎症後紅斑や炎症後色素沈着は、時間とともに自然に改善していきます。したがって原則としては触って刺激しない、保湿化粧品で保護する、サンスクリーン剤を使用して日焼けによる色素沈着が加わらないようにすることがよいでしょう。

一方、萎縮性瘢痕や袋状の痕やしこりに対してはセルフケアで行えるものは残念ながらありません。

美容医療ではどんな治療が受けられますか？

医療機関では、炎症後紅斑をより早く治したい方では、高濃度ビタミンC配合ジェルで改善を早めたり、赤み、すなわち血管が拡張した状態を改善するレーザー治療やIPL照射を行ったりします。炎症後色素沈着にはハイドロキノンやシステアミン配合の化粧品、ビタミンCの飲み薬などを使います。

萎縮性瘢痕には、軽度であればケミカルピーリング、中等度以上であればフラクショナルレーザー治療、マイクロニードリングなどで改善を目指します。また、大きくくぼんでいる場合などはコラーゲン製材やヒアルロン酸製材を少量注入する治療も行われます。

袋状の痕やしこりにはステロイドの注入を行います。これは保険診療の範囲ですので皮膚科での治療が可能です。

ほくろ

ほくろってなに？　どうしてできるの？

ほくろは、母斑《ぼはん》細胞という色素を産生する細胞が集まった良性の腫瘍で、正式な病名は母斑細胞母斑です。母斑とは「アザ」の意味で、「生まれつきの部分的な皮膚の異常」と定義されます。ほくろは出生直後にはなく、3、4歳ぐらいから現れますが、生まれつきそこに現れることは決まっていたものと思われます。私たちの肌の色を決める基底層のメラノサイトと母斑細胞の起源は同じとされています。ほくろは母斑細胞の存在する深さで分類されており、母斑細胞が基底層に存在するタイプ、母斑細胞が表皮と真皮にまたがって存在するタイプ、真皮内だけに母斑細胞が存在するタイプなどに分かれます。母斑細胞が比較的浅い基底層のみに存在するタイプのほくろは平坦で小さいのですが、母斑細胞が真皮に存在するタイプのほくろは盛り上がっています。

ほくろは自然に消えてなくなることはありません。顔のほくろは年齢とともに、さらに大きさを増すことがありますが、色素を産生する機能は落ちてくるため、ほくろの色は黒から褐色調に変わってきます。

ほくろから自然にがんが起こることはないと考えられていますが、メラノサイトががん化して生じる悪性黒色腫《こくしょくしゅ》は、ほくろと見た目が似ています。5mm以上の大きさがあり、平坦で色調に濃淡があり、まわりがギザギザしているほくろらしいものは、皮膚科で一度診察を受けたほうが安心です。

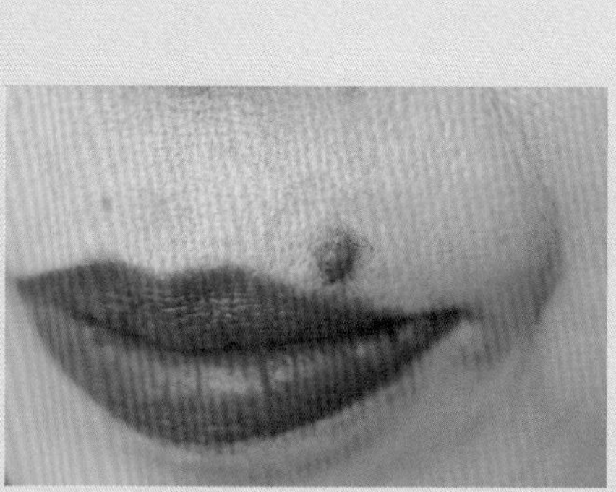

ほくろ

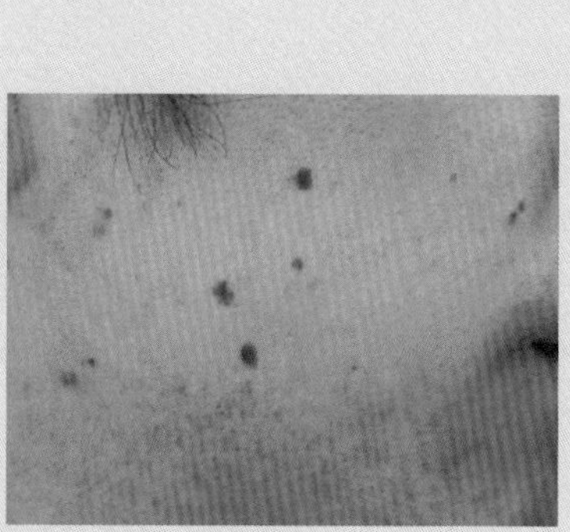

ほくろ

セルフケアでよくなりますか？

ほくろをセルフケアで取り除く方法はありません。足の裏のほくろを自分で削っていたことがきっかけでがん化したと思われるケースがあるため、自分で処置することは避けてください。

美容医療ではどんな治療が受けられますか？

少ない数のほくろ、もしくは１つでも大きいほくろの場合は、保険診療で手術して取り除ける場合があるため、皮膚科または形成外科で相談してください。局所麻酔をしてメスで切除し、皮膚を縫い寄せる手術となります。傷痕はわずかに残りますが、確実に取り除くことが可能です。切除した腫瘍の組織検査で確定診断もできます。

美容医療では、小さいほくろがたくさんある方などに対しては１つひとつに局所麻酔をしてから炭酸ガスレーザーで蒸散（はじき飛ばす）します。蒸散する深さが浅いと再発しやすく、また、深いとくぼんだ痕になりやすいため、その加減には熟練した技術が必要です。10 個の小さいほくろを取り除く場合、30 分程度で終了します。

顔面の大きなほくろでは、母斑細胞が真皮に存在しているため、炭酸ガスレーザーで完全に取り除くために深く削ると、くぼんだ傷痕が残ってしまいます。真皮の母斑細胞は色素をあまりつくらないため、母斑細胞が部分的に残ったとしても目立たない仕上がりになることから、大きなほくろの場合は、母斑細胞を完全に取り除くことより目立たなくすることを目標にすることもあります。

老人いぼ・アクロコルドン

老人いぼ・アクロコルドンってなに？　どうしてできるの？

加齢に伴って顔や手の甲に増える老人いぼは、正式な病名は老人性疣贅《ゆうぜい》または脂漏性《しろうせい》角化症です。脂漏性とは皮脂腺の多い部分にできやすいことを意味しています。角化症は角質が厚くなって固く触れる皮膚のでっぱり、つまり、いぼのことです。皮脂腺は毛穴に付属するため、毛穴の多い、顔面、頭部などに老人いぼはできやすく、また、太陽光線、とくに紫外線も関係するため、日にあたることの多い部位によくみられます。

多くの場合、最初は平坦な茶色から褐色のシミのことが多く、徐々に角化していぼになっていきます。大きさは、米粒ぐらいの小さなものから大きくなると 500 円硬貨程度になるものもあります。どれだけ大きくなっても、老人いぼは良性腫瘍のため、放っておいて構わないといえば構わないのですが、いぼは、ないほうが若々しくみられます。

10 歳代、20 歳代で体に過度の日焼けをしていると、30 歳代以降に肩から背中に少し盛り上がったシミのようなものが多発します。これは、日光性花弁状色素斑と呼ばれますが、基本的には老人いぼの仲間です。ただし、一部が急に大きくなったり出血したり、また急速にかゆみのあるいぼが体に多発したときには検査が必要なため、早めに皮膚科を受診してください。

首にできる小さいイボは、アクロコルドンあるいはスキンタッグと呼ばれる良性の腫瘍です。通常は中年以降に首、時にはわきの下にも多発する、肌色から褐色の柔らかい腫瘍です。大きさは 2 ～ 5mm 程度で根元がくびれており、

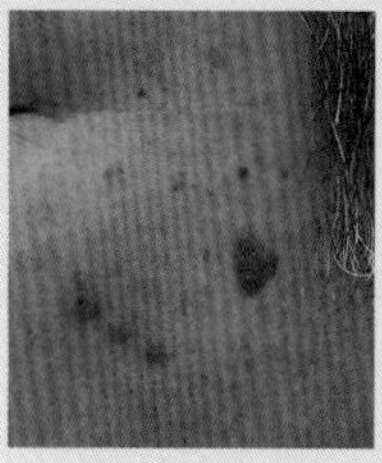

脂漏性角化症

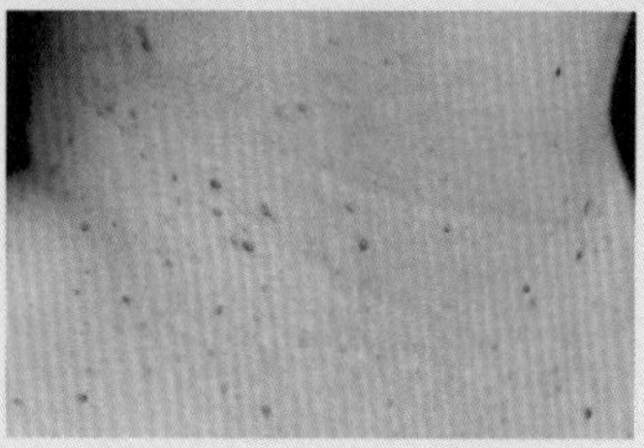

アクロコルドン

少し垂れ下がるように肌に付着しています。50個ぐらいできることもあります。最近の研究で、かたちは異なりますが、顔や肩にできる老人性疣贅と遺伝子的には同じ仲間であることがわかりました。ウイルスでうつるいぼとは異なり、自分にも他人にもうつすことはないため放っておいても構いませんが、年齢を感じさせる肌の変化は少しでも減らしたいものです。

セルフケアでよくなりますか？

老人いぼもアクロコルドンも塗り薬では取れません。たくさんの老人いぼに、まれに皮膚がんの始まりである日光角化症が混在していることがあり、これは塗り薬での治療が奏効することがありますが、塗り薬が効くかどうかは皮膚科医に相談する必要があります。

ヨクイニンなどの飲み薬は、ウイルス性のいぼの治療薬のため、老人いぼやアクロコルドンには効果はありません。

美容医療ではどんな治療が受けられますか？

保険診療では液体窒素療法といって、液体窒素によって凍結をくり返して治療する方法があり、数回でいぼを治療することができます。しかし、老人いぼもアクロコルドンも小さな病変が多く、細かくきれいにとっていくには炭酸ガスレーザーで治療するほうが効率がよいです。

炭酸ガスレーザーは、いぼの細胞の水分に反応して熱エネルギーに変換され、いぼを細胞ごと焼き飛ばしてくれます。いぼに対して麻酔薬を注射で少量入れる際には痛みがありますが、レーザー照射中に痛みを感じることはほぼありません。浅くいぼを削り取るため、レーザー照射後はかすり傷のようになります。1週間～10日ぐらいで皮膚が再生するため、そのあいだは軟膏を塗ったり、絆創膏などを貼ったりする処置が必要になります。しばらく赤みが続きますが、徐々に目立たなくなります。

稗粒腫・汗管腫・脂腺増殖症

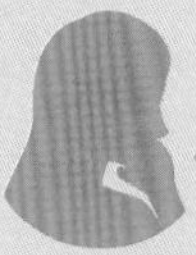

稗粒腫《はいりゅうしゅ》・汗管腫《かんかんしゅ》・脂腺《しせん》増殖症ってなに？　どうしてできるの？

稗粒腫は女性にやや多く、30歳代から額、目のまわりをはじめとする顔にいくつもできてくる直径1、2mmの白いぶつぶつです。皮膚の浅いところに小さな袋ができており、なかに角質が溜まっています。1、2mmより大きくなることはありませんが、数が増えることはあります。できやすい方がいることから、原因は加齢と生まれつきの素因があると思われます。

汗管腫は10歳代後半ぐらいから目のまわり、とくに下まぶたのあたりに、直径2～3mm程度のやや褐色調、時に白っぽい小さなしこりが数個から数十個できる良性腫瘍です。大きさは変わりませんが、徐々に増えることがあります。汗を出す汗腺から皮膚表面に伸びる管（汗管）が異常に増えてできます。良性のため放置しても構いませんが、美容的に切除を希望される方も少なくありません。原因は不明ですが、生まれつきの素因が関係したアザに近い良性腫瘍と思われます。

脂腺増殖症は、中年以降の男性の顔に多発する、直径5mm大までのやや黄白色調で表面にでこぼこのある腫瘍です。毛穴に付属する皮脂腺が異常に増殖して盛り上がったものです。脂性肌の方に多い傾向があります。また、日光にあたる部位にできるため、太陽光線の影響が疑われており、最近では、太陽光線のなかでも近赤外線が一因ではないかといわれています。

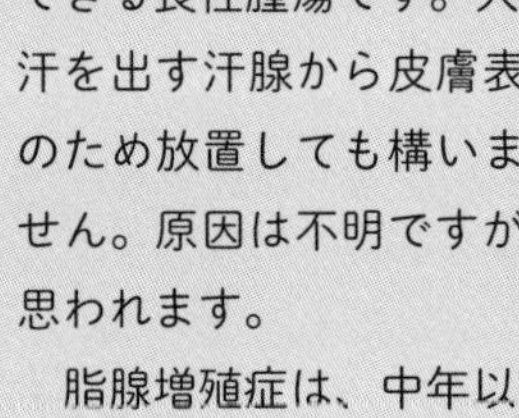

稗粒腫

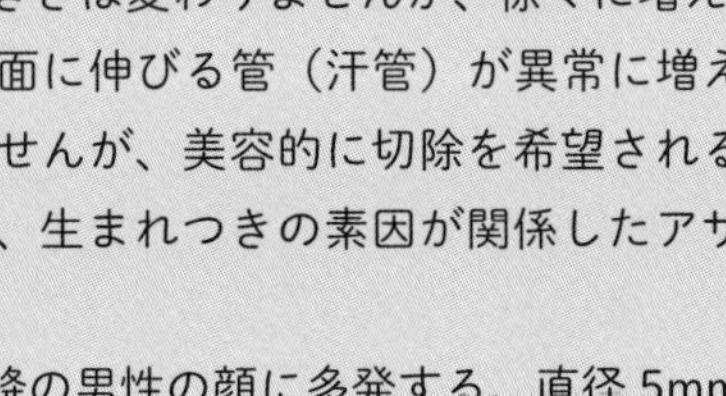

汗管腫

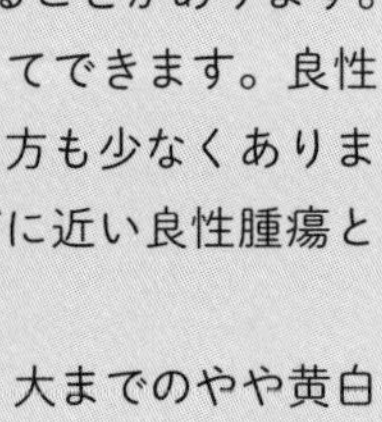

脂腺増殖症

セルフケアでよくなりますか？

稗粒腫の一部が自然に取れてしまうことはまれにありますが、すべてなくなることはありません。汗管腫、脂腺増殖症をセルフケアで改善する方法はありません。

美容医療ではどんな治療が受けられますか？

稗粒腫を１つずつ注射針の先で穴をあけて中身の角質を取り出す処置は、保険診療の範囲内で行える場合があるため、皮膚科で相談してください。汗管腫、脂腺増殖症は保険診療ではなかなか対処できません。

美容医療では、稗粒腫、汗管腫、脂腺増殖症ともに炭酸ガスレーザーで蒸散することが可能です。稗粒腫は塗る麻酔や注射による麻酔後に一度に 10 個くらいは蒸散可能です。皮膚の浅いところの袋を取るだけですので、傷痕は残りません。汗管腫は浅めに蒸散すると再発し、深めに蒸散すると傷痕が残るため、炭酸ガスレーザー治療は容易ではありません。仕上がり具合について医師とよく相談してから治療を受けてください。汗管腫の痕を残さずに目立たなくする方法として、高周波（radio frequency；RF）によるマイクロニードリングがあります。増えている汗管を RF による熱作用で減らしていく方法で、何回かくり返す必要はありますが、傷痕はほとんどなく、盛り上がりが減って目立たなくなっていきます。

脂腺増殖症も深くまで脂腺細胞が増殖していますので、完全に取り除こうとするとくぼんだ傷痕になります。少し残ってもよいとして、目立たなくなる程度を仕上がりの目標に設定することが大切です。

ヒゲ・ムダ毛

ヒゲ・ムダ毛ってなに？

ヒゲは頬、口のまわり、顎、首に生える太く硬い毛のことを指します。ヒゲは昔より権威の象徴、あるいは男らしさのしるしと考えられ、宗教や民族によってヒゲのかたち、生やし方もさまざまです。現代の日本では文化的にヒゲを生やす習慣があまりないため、成人男性の多くは毎朝ヒゲを剃らなければならず、それにより生じる皮膚トラブルに悩まされている方も多いようです。

ムダ毛とは、本人が希望しない部位に生えている毛のことを指します。例としてわき毛、すね毛、腕毛、胸毛、背中の毛などが挙げられますが、ムダ毛と感じる部位は人によって異なります。

セルフケアはどうすればよいですか？

ヒゲのセルフケアはおもに剃毛です。ヒゲの毛流れに沿って剃るようにしましょう。とくに、顎や首まわりの毛流れは人により異なるため、ヒゲを剃る前に毛流れを確認してください。また、肌が乾いた状態で剃ると、剃りにくいばかりか肌を傷つけてしまうことにもなります。まずはシェービング剤などでヒゲを柔らかくしてから剃りましょう。

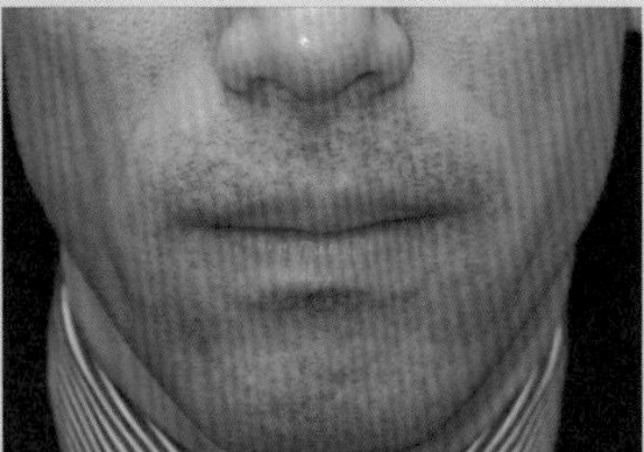

ヒゲ

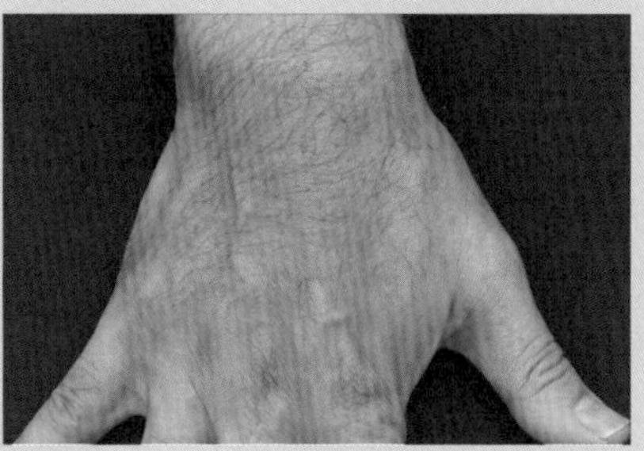

ムダ毛

ムダ毛のセルフケアは剃毛のほかに、除毛クリーム、脱色、ワックス脱毛、抜毛などがあります。剃毛方法は基本的にはヒゲと同じく、毛流れに沿って剃るようにしましょう。肌を清潔にし、乳液やシェービング剤を塗ってから剃ると肌への負担が軽減できます。剃った後は軽く洗い流し、保湿剤で保護をしましょう。入浴直後は角質が柔らかくなり、皮膚に傷がつきやすくなっているため剃毛は避けてください。除毛クリーム、脱色剤、ワックスは肌への刺激が強いものもあるため、製品に記載されている使用方法をしっかり守ってください。また、肌が荒れているときには使用を避けてください。抜毛をする際は、毛の生えている向きに優しく抜くとよいでしょう。時に毛穴の黒ずみ、赤み、毛穴の盛り上がり（角化)、毛嚢炎《もうのうえん》などを起こすため、頻回に行うことは避けてください。

美容医療ではどんな治療が受けられますか？

レーザー脱毛やIPL脱毛、絶縁針脱毛があります。

レーザー脱毛、IPL脱毛ができる機器はたくさんあります。治療回数は、部位と毛の量、太さにより異なりますが、5回以上かかる場合があります。その原理は、毛穴の根元に存在するメラニンをつくるメラノサイトにレーザーが反応して熱エネルギーとなり、メラノサイトの近くにある毛をつくる毛母細胞や毛乳頭細胞を傷害して脱色させるもので、永久脱毛も可能です。

絶縁針脱毛は毛穴1つひとつに針を挿入し、毛根とその周囲の組織を熱で処理し、毛を減らす治療です。レーザー脱毛やIPL脱毛では脱毛できない白毛や産毛、眉などの細かい部分の脱毛に適しています。

多汗症・わきが

多汗症・わきがってなに？　どうして起こるの？

汗は、全身に分布しているエクリン汗腺からつくられます。99％以上が水分で、そのほかに塩分、尿素、乳酸などの保湿成分、抗菌成分が含まれています。おもに上昇した体温を下げる役割を担います。一方で、わきの下や陰部、乳輪といった体の一部分に存在するアポクリン汗腺からの汗は皮脂を含んでいるため、下着が黄ばんだり独特の臭いがあります。耳垢が乾燥タイプではなく、ねばねばと湿ったタイプの人はアポクリン汗腺の数が多くサイズも大きいため、わきが体質である可能性があります。わきがの正式な病名は腋臭《えきしゅう》症です。

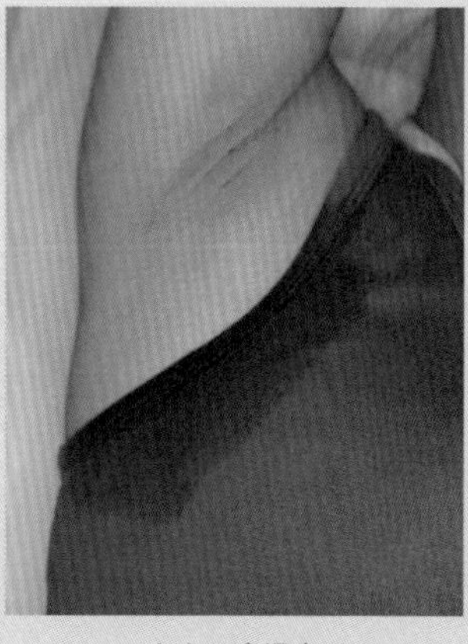

わきの多汗症

多汗症とわきがは別の疾患であり、それぞれ対応策が異なります。

発汗には、体温上昇や気温、湿度などの外的環境の要因により起こる発汗と、緊張や集中といった精神的な負荷により起こる発汗があります。汗のかき方は個人差が非常に大きいため、一概にどの程度の量の汗が出たら多汗症なのかという定義はありません。その人が送るライフスタイルによって、多すぎる汗により生活の質、つまりQOLが下がっていて、治療を希望される人には多汗症の治療を行います。

わきがは、アポクリン汗腺の数とサイズが大きい方にみられるという特徴があります。多くは親兄弟に同様の体質の人がいます。これは湿った耳垢の体質となる遺伝子のためであることがわかっており、欧米ではほとんどの人がこの遺伝子をもっていますが、東アジアではその遺伝子をもつ人は5～15％程度にとどまります。

セルフケアでよくなりますか？

汗に対するセルフケアは、手に入りやすい市販の制汗剤をまずは試してみるとよいでしょう。制汗作用のある代表的な成分は、クロルヒドロキシアルミニウムで、皮膚の蛋白質を凝固・収縮させることによる強力な収れん作用によって、皮脂腺や汗腺の開口部を収縮させて皮脂や発汗を抑制する効果が期待できます。発汗量が抑えられると汗に伴う臭いも同時に改善がみられるため、体臭やわきがにもある程度有効といえます。また、発汗量を直接減らす作用はないものの、汗をよく吸い取ったり、吸い取った汗をうまく蒸散させたりする素材の衣類や生活用品を適宜取り入れることも有効な場合があります。

美容医療ではどんな治療が受けられますか？

多汗症は保険治療が可能な場合があるため、汗の疾患の治療を行っている保険診療のクリニックを受診するとよいでしょう。抗コリン作用のある塗り薬（わきの下、手の多汗症に保険適用あり）や飲み薬（多汗症全般に保険適用あり）、ボツリヌストキシン製剤注入（重度の腋窩《えきか》多汗症にのみ保険適用あり）、イオントフォレーシス療法（手足の多汗症に保険適用あり）といった診療が多汗症においては行われています。

わきがの場合は、わきの下の皮膚を切開してアポクリン腺を除去する剪除《せんじょ》法が保険適用の手術療法としてあります。

複数の治療を組み合わせてもなお治療効果が十分でない場合や、長期的な効果の持続を希望する場合は、マイクロ波で汗腺を焼灼・凝固させることで長期的に効果が持続するとされているミラドライ® システムという機器を用いた治療があります。術後のダウンタイムが短く、傷痕が残りにくい施術のために人気が高いです。また、ミラドライ® システムは重度の原発性腋窩多汗症に対する治療機器として厚生労働省から認可されています。

乾燥肌・敏感肌

乾燥肌・敏感肌ってなに？　どうして起こるの？

肌は表皮、真皮、皮下組織の３層構造を成しており、一番外側の表皮の表面にはケラチンという硬い蛋白質が重なり合っている角層があります。「肌が乾燥する」とは、ラップフィルム１枚程度の薄い膜である角層の水分が減ることであり、角層以外の表皮、真皮、皮下組織の水分量は関係ありません。つまり、肌の乾燥は角層の乾燥といい換えられます。

角層が水分を保持する機能は、皮脂膜（角層の表面には毛穴から出てきた皮脂によるクリーム状の膜）、天然保湿因子（角層細胞にあるアミノ酸などの水分保持因子）、角質細胞間脂質（角層細胞同士をつなぎとめている、セラミドなどの脂質）によって維持されています。加齢に伴う老化現象やもともとの肌質から、これらの因子が少ない方がいます。また、アトピー性皮膚炎の患者さんでは、症状がほとんどなくなっていてもこれらの因子が減少しているケースもあります。このように皮脂膜、天然保湿因子、角質細胞間脂質が十分にない方では、同じ環境下でもほかの方より肌の乾燥が起こりやすくなります。また、皮脂膜、天然保湿因子、角質細胞間脂質に問題が少ない方でも、超低湿度環境では肌の乾燥が起こり得ます。

敏感肌とは、些細な刺激に対してピリピリとした痛みやかゆみ、赤みなどを引き起こす肌の状態のことをいいます。敏感肌は正式な医学用語や病名ではありませんが、健康的な肌と病的な肌の中間と表現するのが適切です。また、一般的に敏感肌といえば、顔の肌トラブルが想起される場合が多いですが、敏感肌は全身のどの部位にも生じる可能性があります。

敏感肌の原因は、肌の表層にある角層の構造が乱れることによる肌のバリ

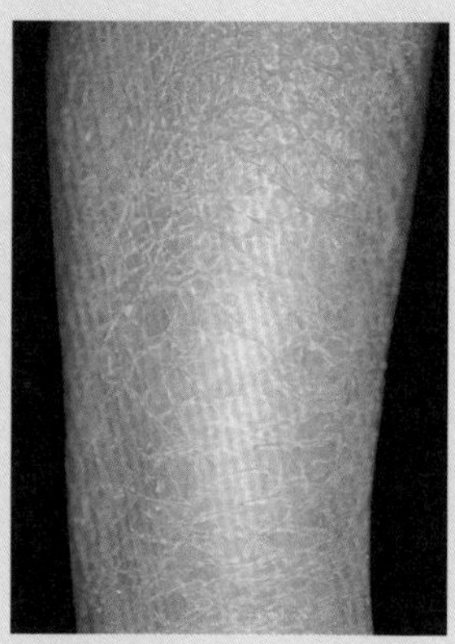

足の乾燥肌

ア機能の低下です。体質的に角層の構造が乱れやすいケースもありますが、肌の乾燥、加齢、誤ったスキンケアなども大きな要因で、多くの人が敏感肌だと自覚して悩んでいるようです。

セルフケアでよくなりますか？

口から水分をたくさん摂取しても角層の水分量を増やすことはできません。大切なのは、角層から外気に逃げていく水分を減らすことです。そのためには保湿力の高い化粧品をこまめに使用することが重要です。角層を保湿することにより、肌の新陳代謝（ターンオーバー）が改善され、肌全体の機能が正常化して保湿力が増します。

敏感肌は肌のバリア機能が低下しつつある状態のため、放置すると湿疹や色素沈着などの肌トラブルが起こるおそれがあります。そこで、肌のバリア機能を回復させるために肌の表面に膜をつくること、角層の機能を高めるために角質細胞間脂質を回復させることが必要になります。プロペト（精製ワセリン）や、角質細胞間脂質の成分であるセラミド入りの保湿化粧品を使ってセルフケアをすることを心がけてください。

美容医療ではどんな治療が受けられますか？

医療機関では臨床研究で保湿効果が確認されている医薬品の処方を保険診療の範囲内で受けることができます。保湿成分としては、ヘパリン類似物質、尿素などがあります。また、保湿機能が高く、使用感のよい医療機関専売の化粧品もあります。

第2章 治療 編

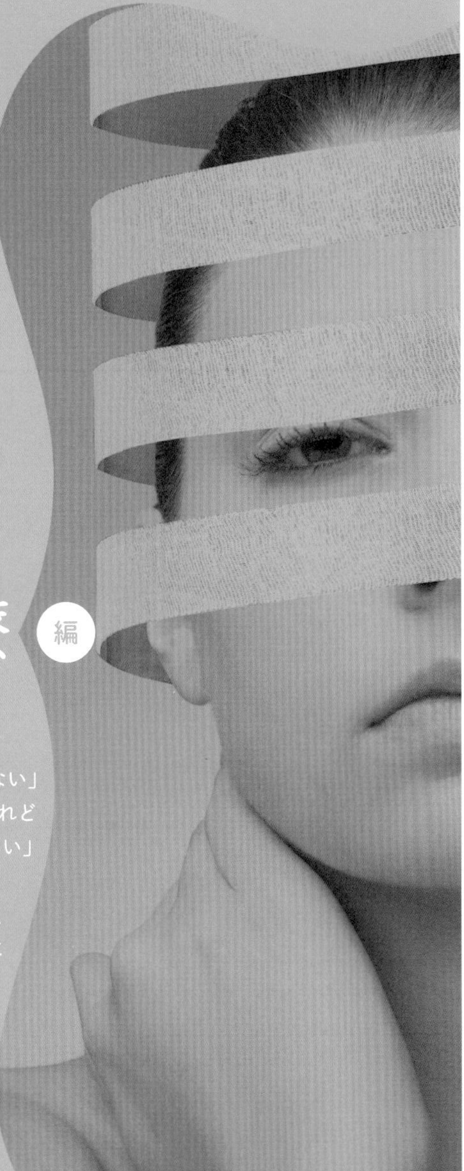

「セルフケアをしたけれどあまり変わらない」
「いろいろトライしたけれど
これから先どうしたらよいかわからない」

そんなときは、
美容を専門とするドクターに
相談するのが一番です。

その前に余裕があれば、
本書で予習をしておきましょう。
ドクターの説明を
より深く理解できるはずです。

また、正しい知識は、施術に対する
余計な不安を取り除いてくれるでしょう。

ヒアルロン酸製材注入

ヒアルロン酸製材注入とは

ヒアルロン酸は、正常な肌の真皮にあるもので、コラーゲンやエラスチンのあいだを埋めている物質です。光老化による中ジワ、大ジワでは真皮のヒアルロン酸が不足してくぼんでいます。そこで治療の１つとして、ヒアルロン酸の不足をヒアルロン酸製材で補うのです。ヒアルロン酸製材を真皮に注入すると、水分を吸収して体積が増します。その作用で足りなくなった真皮のヒアルロン酸の代わりとなって、くぼんだ部分、すなわちシワが平らになります。ヒアルロン酸製材には、さまざまな特徴をもつものがあり、医師がそれぞれをうまく使い分けて、たるみを改善したり、ほうれい線を薄くしたりすることが可能です。

ヒアルロン酸製材注入のメリットとトラブル

注入した瞬間にシワが目立たなくなる即効性のある治療法です。注射のため、多少の痛みはありますが、使用する針は非常に細く、また、ヒアルロン酸製材に麻酔薬を配合したものもあるため、我慢できる程度の痛みと考えてよいでしょう。注入されたヒアルロン酸製材は徐々に分解・吸収されて８～12カ月ほどでほぼなくなるため、くり返しの治療は必要です。施術後数日は、注射部位に皮下出血が生じることがあります。

ヒアルロン酸製材と同じような使い方で、かつてシワ治療に用いられていたコラーゲン製材に比べると、現在使用されているヒアルロン酸製材は異物反応などのアレルギーを起こしにくいのですが、その可能性はゼロではありません。また、ヒアルロン酸製材を誤って血管に注入してしまうと、血液が巡らなくなることで肌が壊死し、潰瘍《かいよう》ができることがあります。目の周囲の血管に誤って注入され、失明した事故が海外からは報告されていますが、日本では同様の事故は発生していません。

患者さんからよくある質問

「事故は起こりませんか？」

▶血管にヒアルロン酸製材が誤って注入されてその部分の肌が壊死し、潰瘍が生じて痕が残ってしまった事故の報告が、まれではありますが、あります。解剖学を熟知した経験豊富な医師のもとで受けることをお勧めします。なお、万が一、血管に入った場合には、ヒアルロン酸を溶かすヒアルロニダーゼという酵素を注入して症状を軽くします。

対象となる肌の悩み　・中ジワ　・大ジワ　・たるみ　・ほうれい線

ボツリヌストキシン製剤注入

ボツリヌストキシン製剤注入とは

ボツリヌス菌は食中毒の原因菌です。その菌が産生する毒素がボツリヌストキシンで、それを利用して薬剤としてつくられたのがボツリヌストキシン製剤です。最も有名な製剤であるボトックス®の名前からボトックス治療とも呼ばれています。ボツリヌストキシン製剤は、アセチルコリンという筋肉の収縮をもたらす物質を神経から放出させないようにすることにより、筋肉をゆるんだ状態にする作用があります。結果が現れやすいのは、表情筋の収縮が原因で生じる額や目尻、眉間のシワの部分です。

シワの原因となる筋肉にごく少量の薬剤を注射するだけのため、麻酔もいらず、額、目尻、眉間の３カ所に対して注入する場合でも、15分程度で終了します。呼吸が麻痺するような怖い副作用は一切起こりません。効果は２、３日で現れ、その効果はゆっくりと減弱していきますが、６カ月前後は持続します。

エラがはっている方は、咬筋《こうきん》というものを噛むときに使う筋肉が発達していることが多いため、咬筋にボツリヌストキシン製剤を注入して強く噛めなくすることで、発達していた咬筋が徐々に萎縮してエラのハリが減り、小顔になります。また、わきの下や手のひらに汗をかきやすい方は、神経から汗腺に対して「汗を出せ」という信号が過剰に出ているため、ボツリヌストキシン製剤を使えば、その信号を止めることができ、結果的に汗がおさまります。

ボツリヌストキシン製剤注入のメリットとトラブル

即効性のある治療です。表情ジワに対する治療は短時間で終了します。ただし、わきや手のひらでは、治療時の痛みが強いため、塗る麻酔を塗って30分程度待つ必要があります。

注入量が足りなかったり、注入場所が適切でなかったりする場合は、効果が不十分なことがあります。また、額のシワの治療の際に、注入部位が眉に近いと、眼瞼《がんけん》下垂と呼ばれる瞼《まぶた》が下がった状態になり、それが数カ月続くことがあります。また、注射部位に皮下出血が数日生じることがあります。

患者さんからよくある質問

「治療後に『能面』のようになりませんか？」

▶口を開けたり、目を細めたりして微笑むことはできますし、怒りも自然に表現できます。

対象となる肌の悩み　・表情ジワ　・エラ　・多汗症

ECMリモデリング治療

ECMリモデリング治療とは

細胞外マトリックス（extracellular matrix；ECM）とは、真皮に存在し、肌のかたちを保つ働きをする物質の総称です。ECMには、コラーゲン、エラスチンなどの真皮の構造をかたちづくる線維状蛋白質とヒアルロン酸、コンドロイチン硫酸そして水分などが含まれます。加齢と光老化により、コラーゲン、エラスチンは変性・減少し、ヒアルロン酸なども減少してしまいます。このような変化の積み重ねによって小ジワやハリの低下が起こってきます。この状態を改善するには、真皮に存在する線維芽細胞の働きを高めてコラーゲン、エラスチンなどをつくらせ、衰えた真皮を再構築（リモデリング）する必要があります。その目的のために使用されるのがECMリモデリング注射製剤で、その製剤を用いて行う治療をECMリモデリング治療といいます。いくつかの種類があり、それぞれに特徴がありますが、基本は非架《か》橋《きょう》ヒアルロン酸とアミノ酸の合剤であり、ヒアルロン酸で真皮内に再構築の足場をつくり、アミノ酸を原料にして線維芽細胞にコラーゲン、エラスチンをつくらせることにより肌の若返りをもたらします。

ECMリモデリング治療のメリットとトラブル

自身のもつ回復力を高めて、小ジワ、ハリを改善する治療のため、不自然な変化は起こりません。一方で、時間をかけて少しずつ改善していくことから即効性には欠けます。施術から１～数カ月後に結果が現れてきます。治療開始当初は、製剤によっては１～４週おきぐらいに数回続けて行う必要があります。注射による皮内出血が数日残ることがあります。

患者さんからよくある質問

「顔以外の治療も行えますか？」

▶顔、首、前胸部、手の甲などに効果があります。

「ダウンタイムはありますか？」

▶製剤によっては皮内に注射するため、注射した箇所が盛り上がりボコボコしてみえますが、注射してから数時間で消退します。また、皮内出血、わずかな腫れや赤みがみられることがありますが、あまり目立たず2、3日で消えてしまいます。

対象となる肌の悩み　・小ジワ　・ハリの低下

マイクロニードリング治療

マイクロニードリング治療とは

マイクロニードリング治療とは、肌に極細の針を刺してきわめて小さな穴を開け、肌が本来もつ傷を治す力（創傷《そうしょう》治癒力）を引き出すことによって肌の再生を促す治療です。肌が再生する過程で、コラーゲンやエラスチンの増生が促され、毛穴の開き、浅いにきび痕、小ジワ、ハリ、つやの改善効果がみられます。

マイクロニードリング治療に用いる機器のなかで代表的なのがダーマペンです。目的に合った薬剤を塗布したうえで、肌に針を刺して吸収を促進します。ダーマペンのほかに、針を刺して薬剤を肌の中に注入する水光注射、針を刺しながら高周波（radio frequency；RF）を流すニードル RF による治療もあります。ニードル RF では、肌に針を刺すことによる肌質改善効果に、RF による熱エネルギーが加わることで、肌の引き締め効果がより強くなります。ニードル RF のなかには、針を刺すのと同時に薬剤を真皮まで注入できるもの（POTENZA®）があり、マイクロニードリングの進化版といわれています。

マイクロニードリング治療のメリットとトラブル

メリットとしては、針で肌を直接刺激して薬剤を注入するため、ピーリングなどのほかのマイルドな治療に比べて効果を実感しやすいことが挙げられます。トラブルとしては、いずれの治療も塗る麻酔薬を使用しても多少の痛みを伴うこと、また赤みが残るなどのダウンタイムが数日～1週間程度続くことです。

患者さんからよくある質問

「効果は1回で出ますか？」

▶肌がなめらかになった、化粧のノリがよくなったなどの実感は1回でも得られますが、毛穴の縮小やにきび痕の改善には数回くり返す必要があります。

「ダウンタイムはどのくらいですか？」

▶施術部位の赤みは数日でおさまりますが、目のまわりや骨の近くでは細かい内出血が起こることがあり、その場合は消失までに1週間程度かかります。しかし、ニードル RF は出血をほとんど起こさないため、ダウンタイムが少ない施術です。

対象となる肌の悩み
・毛穴の開き　・にきび痕　・肌質（保湿力、つや）低下
・ハリの低下　・小ジワ

フラクショナルレーザー治療

フラクショナルレーザー治療とは

治療したい範囲に、まばらに正常な肌を残しながらレーザーを点状に照射する治療です。レーザー照射によりダメージを受けた肌が修復するときに、コラーゲンやエラスチンの生成が起こるため、肌の弾力やハリ、毛穴の開きやにきび痕に対する効果が期待できます。フラクショナルレーザー治療では、周囲に正常な肌が残っているため治りが早く、色素沈着や治療の痕などの副作用のリスクが低いと考えられています。

フラクショナルレーザー治療のメリットとトラブル

フラクショナルレーザーには、おもに「ノンアブレイティブタイプ（レーザーによる熱作用を利用した治療）」と「アブレイティブタイプ（肌を蒸散させるような治療）」の２種類があります。ノンアブレイティブタイプは照射直後の赤みや腫れはありますが、翌日からは通常のスキンケアやメークが可能である場合が多いです。一方、アブレイティブタイプはノンアブレイティブタイプよりも効果は高いですが、赤みや腫れなどのダウンタイムが長く、軽度の出血や点状のかさぶたが認められることもあります。治療を受ける前にレーザーの種類やダウンタイムの有無などを確認することが大切です。

患者さんからよくある質問

「痛くないですか？」

▶患者さんの肌の状態や本人の改善希望の程度によりますが、ノンアブレイティブタイプでも痛みはあります。痛みが苦手な方には塗るタイプや貼るタイプの麻酔を使用します。

「でこぼこの目立つにきび痕も治りますか？」

▶でこぼこの目立つ深いクレーター状のにきび痕の場合は、アブレイティブタイプのほうが有効です。また複数回の治療が必要となる場合が多いため、根気よく治療を続けましょう。

対象となる肌の悩み　・浅いシワ　・毛穴の開き　・肌の質感の低下　・にきび痕　・妊娠線

PRP治療

PRP治療とは

私たちの血液のなかには、白血球、赤血球などとともに血液を固まらせて、出血を止めるのに重要な血小板があります。血小板にはさまざまなサイトカイン、成長因子が豊富に含まれており、傷が治る過程などに役立っています。多血小板血漿《けっしょう》（platelet-rich plasma；PRP）は、その血小板を濃縮した血液のことです。まず採血を行い、菌が混入しないように注意しながら濃縮してPRPを精製します。このなかには細胞の再生を促すさまざまな成分が入っているため、再生させたい部位に対して注射で少量ずつ注入していきます。整形外科領域では関節、歯科領域では歯根部の再生に以前から使われてきました。

PRP治療は自分の体内の成分を用いた再生医療の１つです。美容の領域では、目のまわり、ほうれい線などのシワ、ハリの改善に使用されています。真皮内の線維芽細胞を活性化させることにより、コラーゲンやエラスチンの産生を促します。また、発毛を促す因子も含まれており、頭皮にも使用されています。

PRP治療のメリットとトラブル

PRP治療は再生医療の１つですが、自分の血液を濃縮したものを使用するため、感染症や異物反応などの心配の少ない治療法です。治療効果の程度は人によりますが、マイルドなことが多く、数回くり返す必要があります。裏を返せば、自然な改善効果が得られるということです。なお、注入時には軽度の痛みがあり、また皮下出血が生じて小さいアザが数日残ることがあります。

患者さんからよくある質問

「効きすぎて盛り上がることはありませんか？」

▶1、2回の注入で起こることはありません。効果を確認しながらくり返し治療していきます。

「異物反応でしこりができませんか？」

▶自分の血液から採ったもののため、ほかの注入治療に比べて異物反応を起こすおそれはより少ないと考えてよいでしょう。

対象となる肌の悩み　・シワ　・ハリの低下　・発毛　・傷

スレッドリフト

スレッドリフトとは

顔のたるみ、シワなどの加齢による変化に対し、加工された特殊な糸（スレッド）を使って顔の脂肪組織などを引き上げる（移動する）治療方法です。スレッドリフトは、今、日本で、二重まぶた形成術に次いで２番目に多い美容施術です。ダウンタイムの少ないモノスレッド（棘のないタイプ）でタイトニング効果を期待するものと、引き上げ力の高い COG スレッド（棘のあるタイプ）でリフトアップ効果を期待するものの２種類があり、いずれも溶ける素材のスレッドを使う治療が主流です。スレッドは手術用縫合糸として使用されている素材のものを使うためアレルギーの心配は要りません。スレッドが分解されるまでに６～24 カ月かかるため効果の持続期間は長いです。

スレッドリフトのメリットとトラブル

スレッドリフトのメリットは、１回の治療でタイトニング・リフトアップ効果のほかに、スレッドを埋入した刺激で肌の新陳代謝が改善することによる小ジワ、乾燥などの改善効果なども期待できることです。また、効果の持続期間がほかの治療に比べて長い点もメリットです。一方で、内出血や腫れ、スレッドによる引きつれ、口を動かしにくいなどといったダウンタイムがみられることがあります。また、術後数日～数週間後にスレッドが露出することもあります。しかし、これらのダウンタイムやトラブルは技術に起因するところもあり、解剖学や治療法の特性を熟知した医師による施術が安心です。

患者さんからよくある質問

「痛みはありますか？」

▶治療前に局所麻酔を注入するため、術中の痛みはほとんどありません。痛みに弱い方は、静脈麻酔など併用することもできます。

「持続期間はどれくらいですか？」

▶個人差はありますが、モノスレッドは６カ月前後、COG スレッドは１年前後です。ただし、くり返すことでコラーゲンやエラスチンなどが増生されて引き締め効果が高まり、持続期間の延長が期待できます。

対象となる肌の悩み　・たるみ　・シワ

RF治療

RF治療とは

たるみ治療の１つに、高周波（radio frequency；RF）を用いる治療があります。代表的な機器の１つであるサーマクール FLX は、肌の表面は火傷を起こさないように冷却しながら、肌の表面から２～4mm の真皮と皮下組織との境目あたりに、RF を流すことで体内の分子同士を摩擦させて熱を発生させます。最高温度は 60°Cに達します。この熱による変性を修復する際に真皮の線維芽細胞が刺激されてコラーゲンが再生され、さらに脂肪のなかの線維物質が縮まり、たるみを改善します。顔全体に照射すると、たるんで広がった肌が引き締められたり、肌と骨をつなぎ支える組織と脂肪組織を収縮させてたるみを減らしたりする効果が期待できます。最終的な効果はコラーゲンの再生により得られ、施術から数カ月後にピークを迎えますが、施術直後にも引き締め効果を感じられるため、患者さんの満足度が高い治療です。

RF治療のメリットとトラブル

引き締め効果の高い治療法で、くり返し施術を希望する方が多いです。たるみだけではなく、肌のハリや小ジワの改善、毛穴の開き、にきび痕の改善も期待できます。この施術に加えて引き上げ効果の高い高密度焦点式超音波（high intensity focused ultrasound；HIFU）治療を組み合わせて行うこともあります。施術中に熱さや痛みを感じることがありますが、麻酔なしでも十分可能です。まれに肌に軽い火傷が生じることがあります。

患者さんからよくある質問

「効果はいつごろから現れて、どの程度続きますか？」

▶施術直後にやや引き締まった感覚を得られますが、これは一時的で一旦戻ります。それから、２カ月程度で徐々に肌の引き締め効果が現れ、６カ月～１年は効果が続きます。概ね１年ごとの施術をお勧めしています。

「神経麻痺などは起こりませんか？」

▶RF 治療では肌の浅いところに熱変性を起こします。肌の深いところには作用しないため神経麻痺を起こすおそれはまずありません。

対象となる肌の悩み　・たるみ　・ハリの低下

HIFU治療

HIFU治療とは

高密度焦点式超音波（high intensity focused ultrasound；HIFU）治療は、美容皮膚科でたるみ治療として広く活用されているもので、顔だけでなく、首、腹部、腕などの部位にも効果がみられます。

超音波の高強度エネルギーを皮膚組織の特定の深さに集中させて熱処理を行うことで、肌のリフトアップや引き締めを実現します。メスを使った手術に代わる非侵襲的な（肌に傷をつくらない）治療で、ダウンタイムがほとんどありません。さらに、ターゲット層だけに熱を加えるため、周囲の組織へのダメージがきわめて少ないのも特徴です。

顔のたるみの３大要因は、「表皮と真皮の構造変化」、「皮下の浅層脂肪の下垂」、「表在性筋膜（superficial musculoaponeurotic system；SMAS）が薄くなることによる支持力の低下」です。HIFU でそれぞれの層を熱変性させることにより、コラーゲンやエラスチンの収縮や再構築、浅層脂肪の減量、そして SMAS の引き締めにより、たるみが改善されます。

HIFU治療のメリットとトラブル

HIFU 治療の最大のメリットはメスを使わないリフトアップ、引き締めです。ただし、HIFU 治療の効果とその持続期間は個人差が大きいことから、治療前に治療計画と目標について医師とよく相談してください。これが HIFU 治療の効果を最大限に引き出し、満足度を高めるポイントとなります。ごくまれに、火傷や神経麻痺などが発生することがあるため、技術力が高く経験豊富な美容皮膚科医を選ぶことが大切です。

患者さんからよくある質問

「治療は何回必要ですか？」

▶多くのケースでは３カ月～半年間隔で数回の治療が必要です。

「効果はすぐに現れますか？」

▶個人差が大きく、即効性を感じられる方から、効果の実感までに数週間～数カ月かかる方もいます。

対象となる肌の悩み　・たるみ　・ほうれい線　・マリオネットライン　・くま　・二重あご

エレクトロポレーション治療

エレクトロポレーション治療とは

エレクトロポレーションとは、もともとは特殊な電気パルスにより細胞の膜に瞬間的に小さな穴を開けて、遺伝子などを導入する方法として開発されました。それを美容領域に応用し、電気パルスで角層内の角質細胞間脂質に一時的に隙間をつくって角層バリアを透過しやすくし、塗布するだけではなかなか浸透しない美容成分を表皮、真皮まで導入しようとする施術に活用されています。この治療をエレクトロポレーション治療と呼びます。分子量が大きく、浸透させることが不可能といわれていた美容成分（ヒアルロン酸、アルブチン、コエンザイム Q10、レチノールなど）も、痛みを伴うことなく安全に導入することができます。針を使用する治療ではないため、痛みに弱い方やダウンタイムが気になる方も気軽に施術を受けていただくことができます。また、肌の状態に合わせて、導入する有効成分を選択することができるため、シミ、くすみ、肝斑《かんぱん》、にきび、赤ら顔など、さまざまな肌の悩みにあわせた施術が可能です。

エレクトロポレーション治療のメリットとトラブル

施術中の痛みはとくにないため、リラックスして施術を受けていただくことができます。また、腫れや赤み、内出血などのダウンタイムが出ることもないため、直後からメークをすることも可能ですし、施術当日の入浴や運動、飲酒なども問題ありません。

患者さんからよくある質問

「1回の施術でも効果を実感できますか？」

▶施術直後から、肌の色味がトーンアップするなどの効果を実感していただけます。施術を続けると効果が持続するため、まずは1カ月に1～2回を数カ月続けていただき、その後もメンテナンスとして定期的に受けることをお勧めします。

「施術を受けられない人はいますか？」

▶妊娠中の方、心臓ペースメーカーを装着している方、心臓病の方などは施術をお受けいただくことができません。

対象となる肌の悩み　・シミ　・くすみ　・肝斑　・にきび　・赤ら顔　・色素沈着　・シワ　・乾燥肌

IPL照射

IPL照射とは

IPL（intense pulsed light）は紫外線を除く可視光線から近赤外線の領域の光で、それを強力に発振する機器を用いた治療をIPL照射と呼びます。レーザー機器は単一波長の光を発振するのに比べ、IPL機器は500nm台前半〜1,200nm前後の幅広い光を発振します。そのため、さまざまな色調の変化に対応できる特徴があり、シミや赤ら顔など、皮膚の色むらを改善することができます。ただし、レーザーに比べると作用は穏やかなため、約1カ月おきに3〜5回程度くり返し照射する必要があります。施術時に軽い痛みはありますが、我慢できる程度で、顔全体に照射しても約20分で終了します。肌の質感の改善を実感しやすく、具体的には、小ジワや毛穴の開き、肌の弾力性の改善などの効果が期待できます。また、設定や発振波長帯を調整すると脱毛効果も得られます。

IPL照射のメリットとトラブル

最大の利点は、ダウンタイムがないことです。照射の強度によってはシミ部分に薄いかさぶたができることがありますが、7日程度で取れてしまいますし、そのかさぶたはメークで隠すことができます。そばかすは100個以上ある場合が少なくないため、Qスイッチルビーレーザーで治療するとダウンタイムが問題になることから、普段の生活を続けながら治療できるIPL照射がお勧めです。なお、照射直後はわずかに赤みが出ますが、1時間程度で消えてしまいます。当日から普段通りのメーク、洗顔、洗髪、入浴が可能です。

患者さんからよくある質問

「そばかすは大人になってからでも取れますか？」

▶そばかすはレーザー治療でもIPL照射でも高い効果が得られます。また、大人になってから治療しても効果は変わりません。ただし、ほかのシミがそばかすと混じってみられることもあり、治療効果に違いが出ることがあります。

「IPL治療はいつまで続けるのがよいですか？」

▶3〜5回が目安ですが、改善した状態を維持するために2、3カ月に1回程度の頻度で継続される方も少なくありません。継続による肌全体の若返り効果も報告されています。

対象となる肌の悩み　・シミ　・そばかす　・赤ら顔　・にきび痕　・毛穴の開き　・くすみ　・ハリの低下　・ヒゲ

Qスイッチルビーレーザー治療、Qスイッチアレキサンドライトレーザー治療

Qスイッチルビーレーザー治療、Qスイッチアレキサンドライトレーザー治療とは

ルビーレーザーは694nm、アレキサンドライトレーザーは755nmの単一波長の光で、それらを非常に短時間のみ発振できる装置を、それぞれQスイッチルビーレーザー機器、Qスイッチアレキサンドライトレーザー機器と呼びます。ルビーレーザー、アレキサンドライトレーザーのいずれも、黒い色素をもつ細胞に選択的に吸収されて熱エネルギーに変換され、その細胞を熱破壊することができます。Qスイッチでは照射時間がきわめて短いため、まわりの細胞に熱が伝わりにくく、シミの部分のみの治療ができます。

シミやそばかすは1、2回の治療で消失あるいは十分な改善が期待できます。太田《おおた》母斑《ぼはん》、後天性真皮メラノサイトーシス、タトゥ（黒色、青色）にも効果がありますが、肌の奥にある色素細胞を破壊する必要があるため、数カ月おきに5回以上くり返す必要があります。扁平《へんぺい》母斑は成人後に治療開始する場合、小児期に比べて改善しにくいことが多いです。

Qスイッチルビーレーザー治療、Qスイッチアレキサンドライトレーザー治療のメリットとトラブル

治療時間は短く、小部分の治療なら麻酔なしで大丈夫です。広い部分でも塗る麻酔を使えば弾かれる程度の軽い痛みで治療できます。太田母斑や後天性真皮メラノサイトーシスでも痕を残さず治療できるため、患者さんの満足度は高いです。

デメリットは、かさぶたが取れるまでの10日くらいは施術を受けた部分が目立つことです。また、治療1～2カ月後に照射部位に炎症後色素沈着が起こることがあります。施術の効果がなかったとがっかりされる方もいらっしゃいますが、2カ月くらいで徐々に薄れてきます。なお、炎症後色素沈着は日本人では半数程度の方で起こるものです。

患者さんからよくある質問

「再発はありませんか？」

一度完全に取れれば、再発することはまれです。ただし、シミがあった場所の近くに新たにシミができて、再発したようにみえることはあります。

「保険診療ではできますか？」

太田母斑などの一部の色素沈着症では、保険診療での治療も可能なことがあります。

対象となる肌の悩み　・シミ　・そばかす　・太田母斑　・後天性真皮メラノサイトーシス　・扁平母斑　・タトゥ（黒色、青色）

ピコ秒レーザー治療

ピコ秒レーザー治療とは

従来、シミの除去にはナノ秒単位で照射ができるＱスイッチレーザーが用いられていました。一方、ピコ秒レーザーはナノ秒よりもさらに短いピコ秒単位での照射を行える最新のレーザー機器で、それを用いた治療をピコ秒レーザー治療といいます。ピコ秒レーザーでは熱の影響の少ない衝撃波による治療が可能となったため、シミだけでなく肌の深部の色素であるアザやタトゥ、アートメークを除去するのに有用です。また照射時間がきわめて短くなったことで肌へのダメージが最小限に抑えられることから、Ｑスイッチレーザーと比較して痛みや治療後の色素沈着のリスクが低いです。

ピコ秒レーザー治療のメリットとトラブル

ピコ秒レーザー治療はダウンタイムが比較的短い治療ですが、照射直後は赤みや腫れが生じて軽い火傷をした状態となり、１～２週間は薄いかさぶたが残ります。洗顔やメークをする際は強くこすらず、かさぶたを無理に剝がさないようにしましょう。また、サンスクリーン剤をこまめに塗る、日傘や帽子を活用するなど紫外線対策をすることが大切です。また、青アザ（太田母斑《おおたぼはん》、異所性蒙古斑《いしょせいもうこはん》）や、ケガなどの後に皮膚に色素が長期にわたり沈着する外傷性色素沈着症に対する治療では保険適用となる場合もあるため、医療機関で確認するとよいでしょう。

患者さんからよくある質問

「痛みはありますか？」

▶痛みの少ない治療ですが、輪ゴムで軽く弾かれたようなチクチクとする痛みがあります。痛みが苦手な方には塗る麻酔や貼る麻酔を使用します。

「１度の施術できれいになりますか？」

▶シミの種類、大きさ、色の濃さなどによって異なるため複数回の治療が必要になる場合があります。

対象となる肌の悩み　・シミ　・そばかす　・太田母斑　・後天性真皮メラノサイトーシス　・扁平《へんぺい》母斑　・タトゥ（黒色、青色）

レーザートーニング

レーザートーニングとは

肝斑《かんぱん》はシミ（日光黒子《こくし》）やそばかすとは異なり、通常のレーザー治療やIPL照射ではかえって悪化してしまいます。肝斑では軽度の炎症が継続しており、それがメラニン産生を高めているため、そこにレーザーやIPLなどの強い光をあてることで、かえって炎症が強くなり、炎症後色素沈着を起こしてしまいます。そこで考案されたのが、レーザートーニングという方法です。Qスイッチ Nd：YAGレーザーを低出力でくり返し照射することで、炎症を強めることなく、肌表層のメラニンを少しずつ減少させていきます。1、2週間ごとにくり返すことで肝斑の改善が期待できます。

レーザートーニングのメリットとトラブル

レーザートーニングはダウンタイムがなく、治療の難しい濃い肝斑にも効果を発揮します。ただし、真皮のメラニンには効果が弱く、深いシミが混在している場合などでは効果が乏しいことがあります。過去には、肌の色が白く抜けてしまうトラブルがみられましたが、強くあてすぎないようにすれば起こらないことが確認されています。

患者さんからよくある質問

「再発はありますか？」

▶治療後に再発することはありますが、肝斑の増悪因子（紫外線、摩擦など）を避けることで再発リスクを低下させることは可能です。

「かえって濃くなる、肌の色が白く抜けてしまうことはありませんか？」

▶レーザーの出力値や施術回数を適切に設定することで、このようなトラブルは防ぐことは可能です。肝斑の知識が豊富で、トーニングの技術に習熟した皮膚科医のもとで治療を受けることをお勧めします。

対象となる肌の悩み　・治りにくい肝斑

ケミカルピーリング

ケミカルピーリングとは

グリコール酸、サリチル酸、トリクロロ酢酸、乳酸などのピーリング剤を肌に塗り、治療の目的に合った深さまで肌を剝離・除去する治療です。肌にできた腫瘍を取り除く目的で行うこともありますが、美容目的では古くなった角層を薄く剝離・除去して、肌のターンオーバーを正常化し、にきび、毛穴の開き・黒ずみ、シミ、くすみ、小ジワなどを改善することを目指します。不要な角層を除去して吸収が高まったところに、美白、美肌を目的とした薬剤、機能性化粧品などを併用することでさらに効果が高まります。

ケミカルピーリングのメリットとトラブル

直後より肌の色味のトーンアップを実感できること、施術時間が 30 分前後と短く、痛みやダウンタイムがほとんどないことが最大のメリットです。また、美容施術としては料金的にも気軽に始められることから人気が高い施術です。ただし、十分な効果を得るためには月 1 回ほどの頻度で数カ月〜数年のあいだくり返す必要があります。肌に炎症がある方、敏感肌の方は施術を受けられないことがあります。まれにピーリング剤でかぶれが起こることがあり、また、顔面ヘルペスをくり返している方では、施術後に再発することがあります。

患者さんからよくある質問

「自宅で必要な処置や気をつけることはありますか？」

▶施術直後からメークを含む日常生活は可能ですが、角層の一部が剝がれて、紫外線が通過しやすい状態となっているため、施術後 5 日程度はサンスクリーン剤を塗るなどの紫外線対策をとくに心掛けてください。また一時的に保湿力も低下しているため、乳液やクリームなどでしっかりと保湿することが重要です。

「治療中に痛みはありますか？」

▶治療中にピリピリとした痛みを感じることがありますが、患者さんから強い痛みの訴えがあればすぐに中和やふき取りを行うため、痛みが持続することはほとんどありません。

対象となる肌の悩み ・にきび ・毛穴の開き ・黒ずみ ・シミ ・くすみ ・小ジワ ・肝斑

RFにきび治療

RFにきび治療とは

針を使用した高周波（radio frequency；RF）にきび治療は、皮脂腺の一部を破壊することにより、にきびを治療する方法です。代表的なRFにきび治療機はAcGen™、Agnesです。これらの機器では特殊な針を使用しているため、皮膚表面に火傷を起こさずに真皮内の毛穴に付属する皮脂腺を破壊できます。機器によっては針だけでなく、面でRFの熱を顔全体の真皮内に与えてにきび菌の増殖や皮脂分泌を抑制します。

治療は2週間ごとに3〜5回以上の治療をお勧めします。また角栓を除去するために、にきびの塗り薬やケミカルピーリングなどを併用することもお勧めします。

にきびはさまざまな要因が複合して生じるため、治療を受けるだけでなく、生活習慣、使用している化粧品などを見直すことも大切です。

RFにきび治療のメリットとトラブル

RFにきび治療では、にきびの原因である過剰な皮脂腺を破壊することができるため、塗り薬やケミカルピーリングなどの皮膚表面からの治療で改善しないにきびにも高い効果が望めることがメリットです。デメリットとしては針による照射時に痛みがあることです。

また、治療から2、3日後に、一時的ににきびが悪化したようにみえる場合がありますが、すぐに改善します。なお、RFにきび治療機を使って汗管《かんかん》腫や毛穴の開きの治療も可能です。

患者さんからよくある質問

「痛みはありますか？」

針による照射時に痛みを感じることがありますが、一時的なものです。

「1回で効果はありますか？」

1回でも効果はありますが、新生するにきびを含めて全体を改善したい場合は複数回の治療が必要です。

「ダウンタイムはありますか？」

基本的にダウンタイムはほぼありません。照射後一時的に赤みや腫れが生じることがありますが、ほとんどがすぐに鎮静します。

対象となる肌の悩み　・にきび

レーザーにきび治療

レーザーにきび治療とは

にきび治療には、保険診療の塗り薬、飲み薬による治療のほか、保険外診療の塗り薬による治療、ケミカルピーリング、高周波（radio frequency；RF）にきび治療などがあります。最近、保険外診療の新たな選択肢としてレーザーにきび治療が登場しました。

レーザーにきび治療では、これまでのにきび治療では十分でなかった、顔全体の皮脂腺の活動を抑えることが可能です。2022年に米国食品医薬品局（Food and Drug Administration；FDA）で承認された機器であるレーザーにきび治療機 AviClear® は、1,726nm の波長の光を照射できる機器で、この波長の光は皮脂に選択的に吸収されて熱エネルギーに変換されます。そして、熱により皮脂腺を破壊して皮脂の分泌を抑制し、にきびの症状を改善します。皮脂腺の活動は、角質増加にもにきび菌の増加にも影響していることから、レーザーにきび治療に対する期待は大きいです。

全顔に対して1カ月おきに3回照射する必要がありますが、その後2年以上にわたって軽快した状態が維持されるという結果が報告されています。

レーザーにきび治療のメリットとトラブル

米国の試験では、3回の治療を終えてから、2年以上改善した状態が維持できたことが示されています。ほかの治療を追加しなくてもよいようです。また、1回の治療時間は30分程度で、ダウンタイムもありません。

ただし、日本人での効果と安全性はこれから十分に検証する必要があります。なお、治療前に皮脂を丁寧に取り除かなければ、肌の表面で反応してしまい、火傷が生じるおそれがあります。治療費が高額になる点にも注意が必要です。

患者さんからよくある質問

「3回の治療で十分ですか？」

▶米国の試験では十分な効果が示されており、また、併用療法も不要とされています。治療から2年以上経過すると皮脂腺の活動が徐々に戻り、少しずつにきびが再発してくるようです。

対象となる肌の悩み　・にきび

にきび治療薬

にきび治療薬とは

保険診療で使用できるにきび治療薬が増えてきました。

毛穴の詰まりである面皰《めんぽう》の治療には、アダパレン、過酸化ベンゾイルという成分が入った塗り薬が効果的です。にきびの始まりだけでなく、強く炎症が起こっている段階、一旦軽快した後にも継続して使用できる薬剤となります。

にきび菌の活動が盛んな赤にきびや黄にきびに対しては、にきび菌を抑えるクリンダマイシン、ナジフロキサシン、オゼノキサシンなどの抗菌作用のある塗り薬、ドキシサイクリン、ミノサイクリン、ロキシスロマイシンなどの抗菌作用のある飲み薬による治療があります。

保険診療外ですが、アゼライン酸もにきびに効果があり、塗り薬として使用されることがあります。上記の治療で効果不十分であったり、塗り薬が使えなかったりした方に対して使用します。

にきび治療薬のメリットとトラブル

アダパレンや過酸化ベンゾイルは効果の高い薬剤ですが、使いはじめに赤み、かゆみ、痛みが起こったり、時に少し腫れたりすることがあります。少しずつ塗り広げる、保湿剤と一緒に使うといった工夫によりそれらの症状は軽減されます。

肌に塗るタイプの抗菌剤は刺激のない治療ですが、長期間継続使用するとにきび菌に対して耐性化（薬が効かなくなること）が起こるといわれているため、3カ月をめどに一旦中止するようにします。抗菌剤の飲み薬も同様に3カ月で中断します。

患者さんからよくある質問

「保険診療の治療薬で十分な効果がない場合の方法はありますか？」

▶にきびが治りにくい方では、ケミカルピーリングをまずお勧めします。重症な方では、皮脂腺の活動や炎症を起こす細胞を減らす高周波（radio frequency；RF）にきび治療を行います。最近登場した皮脂腺を傷害して長期間、にきびを改善するレーザー治療もよいでしょう。

対象となる肌の悩み　・にきび

炭酸ガスレーザー治療

炭酸ガスレーザー治療とは

炭酸ガスレーザーは10,600nmの単一波長の光で、その光が水分に吸収されると熱エネルギーが発生します。この特性を生かしたのが炭酸ガスレーザー治療です。皮膚には水分が含まれているため､取り除きたい腫瘍にこの光をあてることでピンポイントに蒸散（はじき飛ばす）することが可能です。レーザーを照射した周辺の血管は熱凝固の作用ですぐに固まるため、施術中、治療後の出血はほとんどありません。この特性を利用して、ほくろやいぼ、アクロコルドン、脂《し》漏《ろう》性《せい》角化症などを除去します。

炭酸ガスレーザー治療のメリットとトラブル

治療直後に病変が消失しているため、患者さんの満足度がとても高い治療です。病変の盛り上がった部分を中心に蒸散していくことから、肉眼では確認できない程度のわずかな病変が残ってしまう場合があり、その結果、再発するケースがあります。再発しないよう、深く真皮まで蒸散すると傷跡が残るリスクがあるため、ちょうどよい深さに加減しながらレーザーを照射します。

患者さんからよくある質問

「自宅で必要な処置や気をつけることはありますか？」

▶治療当日から洗顔、シャンプー、シャワーは大丈夫です。治療直後は患部がかすり傷のようになっているため、肌が再生する1週間ほどは軟膏や絆創膏などで傷を保護します。肌の再生後は、2、3カ月程度、赤みが残ります。多くの場合は1カ月以内にはほとんど気にならなくなりますが、炎症後色素沈着が起こらないようにしっかりと紫外線対策を行いましょう。

「治療中に痛みはありますか？」

▶治療には麻酔を使用するため、治療中の痛みはほぼ感じられません。小さい腫瘍で数が多い場合は麻酔クリームを30分程度塗ります。数が少ない場合、大きい腫瘍の場合は注射の麻酔を使います。

対象となる肌の悩み　・ほくろ　・脂漏性角化症　・スキンタッグ　・いぼ　・黄色腫　・汗管腫　・脂腺増殖症

レーザー脱毛

レーザー脱毛とは

レーザーを利用したレーザー脱毛が医療機関で広く行われています。サロンでの脱毛はIPL（intense pulsed light）による脱毛であり、レーザー脱毛とは異なります。医療機関では完全脱毛を目指しますが、IPLによる脱毛の効果は低いためサロンでは発毛遅延によって手入れを楽にすることが目標です。医療機関のレーザー脱毛ではアレキサンドライトレーザー、YAGレーザー、ダイオードレーザーが使われており、いずれも毛の根元のメラニンをつくるメラノサイトと毛のメラニンに反応して発生する熱が毛の成長を司る毛乳頭細胞、毛を包んでいる構造の中間部にあるバルジ領域の幹細胞を傷害して脱毛します。

レーザー脱毛のメリットとトラブル

短期間に広い範囲の脱毛が可能です。治療中は痛みがありますが、ヒゲや陰部など以外は我慢できる程度です。ダイオードレーザーによる脱毛は蓄熱式脱毛と呼ばれ、痛みは軽いですが治療回数は多くなります。日焼けした肌では、肌の色素に反応して火傷を起こすため、施術できません。また、皮膚炎がひどい場合も施術を避けることがあります。なお、カミソリや毛抜きによる自己処理よりレーザー脱毛のほうが肌への負担が少ないため、肌荒れしやすい方にはレーザー脱毛を推奨しています。

治療後は軽い赤み、かゆみ、ヒリヒリ感などが生じる場合があります。また、治療後1週間ぐらいは、照射部位ににきびができることがあります。まだらに脱毛される場合がありますが、治療をくり返していくことで改善します。

まれですが、レーザー脱毛で毛が太くなる現象が背中などに起こることがあります。

患者さんからよくある質問

「ツルツルになりますか？」

▶レーザー脱毛ではうっすらと産毛は残ります。しかし、気にならない程度です。

「何回で終わりますか？」

▶部位と毛質によるため、5～15回と幅があります。ヒゲは15回以上になる場合もあります。

対象となる肌の悩み　・ムダ毛　・ヒゲ

絶縁針脱毛

絶縁針脱毛とは

絶縁針脱毛は、毛穴に絶縁針という特殊な針を刺して電流を流して脱毛する方法で、レーザー脱毛が登場する前から行われてきました。針脱毛とも呼ばれています。毛穴に挿入した針の先端から熱を発生させ、毛と毛乳頭、バルジ領域を破壊することで脱毛します。肌に触れる部分には電流が通っていないため、肌の火傷のリスクは低く抑えられます。

さまざまなタイプの毛の脱毛やレーザーでは難しい部位の脱毛もできるため、絶縁針脱毛のニーズはなくなりません。一部では、絶縁針脱毛と同様の方法で絶縁針を用いない脱毛が行われていますが、火傷のリスクが高いため、絶縁針脱毛を選択してください。
※絶縁針脱毛は医療機関のみで行われている治療です。

絶縁針脱毛のメリットとトラブル

絶縁針脱毛はレーザー脱毛やIPL脱毛では処理しにくい白髪や軟毛、硬毛化した毛、乳輪などの皮膚色の濃い部分に生える毛、ほくろやアザに生える毛の処理に適しています。また、毛を間引くことが可能なため、全体的な毛量の調整ができます。眉のまわりなど、繊細なデザインを要する部分の脱毛にも適しています。レーザー脱毛に比べて、時間あたりに処理できる毛の本数は多くありませんが、少ない治療回数で終わるメリットがあります。デメリットとしては、熱による一時的な赤み、腫れ、点状の色素沈着、しこり、毛嚢《もうのう》炎《えん》などが生じることが挙げられます。また、熟練した施術者が治療にあたる必要があるため、治療ができる施設に限りがあります。

患者さんからよくある質問

「痛くないですか？」

▶痛みはありますが、冷やしながら施術を進めることで痛みを緩和できます。

「ツルツルになりますか？」

▶ほとんど毛がない状態にすることが可能です。

「何回で終わりますか？」

▶部位と体質によりますが､5～10回と幅があります。ヒゲは10回以上になる場合もあります。

対象となる肌の悩み　・ムダ毛　・ヒゲ

子どもの脱毛

子どもの脱毛とは

近年、SNSなどの影響により、大人はもちろん、子どものあいだでも自身の外見に対する関心が高まっています。保護者にとっても子どもの外見には関心が高く、なかでもムダ毛を気にされることが多いため、子どもの脱毛の需要は急速な拡大傾向を示しています。

子どもの脱毛のニーズが高まっている別の理由として、多毛によるいじめや外見に対するコンプレックスの問題が挙げられます。昨今のいじめは陰湿で長期に続くケースが多く、子どもの心の発達にきわめて重大な影響を及ぼすことが懸念されており、また、成長期のトラウマをなくすことがその後の精神発達に非常に重要であるといわれています。いじめの対象になり得る身体的問題は可能な範囲で減らすことを考えるべきと思われます。

子どもの脱毛のメリットとトラブル

レーザー脱毛により、子どもの脱毛も短期間で満足のいく結果を出せるようになりましたが、一般的に子どもは大人より痛みの閾値が低く恐怖心も強いため、脱毛の希望があっても痛みが障害となることが多くあります。蓄熱式脱毛機は照射時のエネルギーを調節することによって痛みのコントロールができるため、子どもの脱毛にはショット式脱毛機より、蓄熱式脱毛機のほうが多用されています。

レーザー脱毛の副作用として毛嚢炎《もうのうえん》、火傷、炎症後の色素脱出、沈着、瘢痕、硬毛化（太く硬い毛になること）などがありますが、すでに国内で20年以上の使用実績があり、先に示したもの以上の深刻な副作用は報告されていません。子どもの脱毛については、10年以上長期観察した例でも問題はなく、安全に施術する方法は確立されているといえます。

患者さんからよくある質問

「子どもの脱毛の注意点はなんですか？」

▶本人が脱毛を希望していることが大切です。レーザー脱毛は痛みなどのストレスがかかる施術であるため、本人の希望が強くなければ難しく、中途で挫折する確率が高くなります。また、子どもの脱毛の目標は完全脱毛ではなく、目立つ多毛を減らすことであることを説明時に伝えています。

対象となる肌の悩み　・多毛症　・ムダ毛

ボライト注入

ボライト注入とは

ボライトの正式名称は、ジュビダームビスタ® ボライト XC で、厚生労働省の認可を取得した初めての肌質改善ヒアルロン酸注入材です。加齢や紫外線、喫煙、環境汚染、ストレスや生活習慣の乱れなどにより、真皮のコラーゲン、エラスチン、コンドロイチン、ヒアルロン酸などの成分が減少し、肌は構造的、機能的に劣化します。これにより乾燥、毛穴の開き、小ジワ、くすみが認められるようになり、さらにバリア機能の低下によりアレルゲンや細菌などの異物に対して炎症やかゆみなどのトラブルを起こしやすくなります。

ヒアルロン酸はその重量の 1,000 倍の水分を引き寄せて結合する力があり、肌の保湿性（潤い）、弾力性（ハリ）、小ジワの改善に役立っています。ボライトは肌全体に少量ずつ注入することで肌の保湿性を向上させ、バリア機能を改善して肌トラブルを防ぎます。

ボライト注入のメリットとトラブル

ボライトは 1 回の注入から 1 カ月程度で保湿性、弾力性、肌質改善が認められることが多く、4 カ月ほどで効果のピークがみられ、注入から 9 カ月ほど持続します。

きわめて細い針を使用しますが、内出血を伴う場合があります。1 週間程度で自然に目立たなくなることがほとんどです。

患者さんからよくある質問

「顔が不自然にみえるようになることはありませんか？」

▶ボライト注入は肌質改善のための注入材で、かたちを整えるものではありません。見た目が大きく変化したり、いかにも注入したような不自然な仕上がりになったりすることはありません。

「治療後の日常生活で注意することはありますか？」

▶注入部位の血行がよくなると腫れや赤み、かゆみが出ることがあるため、治療後 24 時間は飲酒、激しい運動、日光浴、サウナなどの高温な場所に長時間留まることなどは避けてください。

対象となる肌の悩み　・乾燥　・毛穴の開き　・小ジワ　・くすみ

マイクロ波治療

マイクロ波治療とは

マイクロ波は、水分子を振動・回転させることでターゲットの部位を加熱することができ、その仕組みは、電子レンジに活用されています。その特徴を生かしたマイクロ波治療機に、ミラドライ® システムがあります。ミラドライ® システムは、わきの下の汗腺が存在する部位を周波数 5.8GHz のマイクロ波によって加熱することで、汗腺を破壊し汗を減らします。周囲の肌は同時に冷却されているため、肌の表面はダメージを受けません。

マイクロ波治療のメリットとトラブル

わきの下の肌を切って汗腺を切除する手術に比べ、マイクロ波治療機による治療は、ダウンタイムが短い、合併症が軽い、治療部位に傷跡が残らないというメリットがあります。しかし、まれに施術部の感染症や、熱を加えたことによる火傷、わきの下の神経の損傷による知覚障害が起こることがあるため、治療前の説明をよく聞いておくことが大切です。

患者さんからよくある質問

「マイクロ波治療の副作用にはどのようなものがありますか？」

▶施術後の副作用としては、腫れ・赤み、痛み、感染、内出血、しびれ感、知覚の違和感、色素沈着、治療箇所の拘縮《こうしゅく》（ひきつれ）などがあります。ほとんどの症状は数週間程度で改善して傷跡が残ることはありません。症状によっては軟膏や飲み薬を併用することがあります。

「マイクロ波治療は汗と臭いを改善させますか？」

▶ミラドライ® システムは、重度の腋窩《えきか》多汗症を治療するために使用する機器として厚生労働省に承認されています。わきの下には汗を分泌するエクリン汗腺と、臭いに関連するアポクリン汗腺が存在するため、エクリン汗腺にマイクロ波を照射するとアポクリン汗腺にも作用し、臭いの程度も改善されます。なお、わきの下以外の部位での使用は推奨されていません。

対象となる肌の悩み　・重度の原発性腋窩多汗症　・わきが

ハイドロキノン外用治療

ハイドロキノン外用治療とは

ハイドロキノンは、米国では50年以上前から美白剤として使用されている成分です。イチゴ、コーヒー、紅茶、麦芽などにも存在する天然成分です。ハイドロキノンは皮膚炎などのおそれがあるため、日本では医師の指導のもとでのみ使用されてきましたが、2001年の化粧品規制緩和によって、市販の化粧品にも配合されるようになりました。

肌に紫外線があたると、メラノサイトがシミの原因であるメラニンを生成します。ハイドロキノンは、メラノサイト内でチロシンがメラニンに変化する過程をブロックし、加えてメラノサイトそのものを減少させる働きがあり、メラニン産生を抑制する作用は、コウジ酸やアルブチンの数十～数百倍といわれています。

ハイドロキノン外用治療のメリットとトラブル

ハイドロキノンを含む化粧品によって接触皮膚炎（かぶれ）が起きることがあります。接触皮膚炎には、使用後すぐに現れる刺激性のものと、使用後2週間程度経過してから現れるアレルギー性のものがあるため、使用開始から1カ月程度は気をつけてください。なお、ヘアカラーの酸化染料（パラフェニレンジアミンなど）で接触皮膚炎が起こる方は、ハイドロキノンにも気をつける必要があります。なお、ハイドロキノンモノベンジルはハイドロキノンとは別のもので、不可逆性の白斑（皮膚の一部の色が白く抜ける症状）を起こすおそれのある成分のため、化粧品への配合が禁止されています。

患者さんからよくある質問

「紫外線の影響はありますか？」

▶強い紫外線を浴びるとシミが濃くなる可能性があります。ハイドロキノン使用中は、季節を問わず紫外線対策を行ってください。

「ハイドロキノンの強さはどれくらいがよいでしょうか？」

▶濃度が1～3%では、刺激は少ないものの効果も弱くなります。濃度が4～5%では効果は期待できますが、刺激も強くなるため、医師に処方してもらうことをお勧めします。

対象となる肌の悩み　・シミ（日光黒子《こくし》、老人性色素斑）　・肝斑《かんぱん》　・そばかす
・炎症後色素沈着

トレチノイン外用治療

トレチノイン外用治療とは

　トレチノインはレチノール（ビタミン A）の誘導体で、米国ではシワ・にきびの治療薬として米国食品医薬品局（Food and Drug Administration ; FDA）に認可されていますが、日本国内では未承認です。レチノールはシワ改善効果が認められ、2017 年に医薬部外品成分となりましたが、その生理活性はトレチノインの 50 分の 1 程度です。

　トレチノインは、肌の新陳代謝（ターンオーバー）を促進し、メラニンを排出させることでシミを改善します。また、真皮にある線維芽細胞を活性化して、コラーゲンの産生を高め、小ジワや肌のハリを改善します。さらに、ヒアルロン酸の合成を促進し、肌の弾力も高めます。

　トレチノインはにきび治療にも効果的です。にきびの原因は、過剰な皮脂分泌と角質による毛穴の詰まりです。トレチノインにより皮脂腺が萎縮し、皮脂の過剰な分泌を抑えるとともに、角質を剥がす作用により毛穴が詰まりにくくなります。新陳代謝促進作用のため、にきびが治った後の赤みも早く消えます。

トレチノイン外用治療のメリットとトラブル

　トレチノインは表皮の新陳代謝を促す作用で皮膚を若返らせる一方、作用が強すぎて皮膚炎を起こすことがあります。これはレチノイド反応と呼ばれるもので、肌が赤くなり、ポロポロと角質が取れますが、最初の 3 週間程度がピークです。無理に剝がすようなことはせず、自然に剝がれるのを待ってください。赤みがひどい場合は、自己判断で対処せず、医師に相談してください。トレチノインによってアレルギーが起こることは、ほぼありません。

患者さんからよくある質問

「ほかの美白治療と併用できますか？」

▶ハイドロキノンやビタミン C を含む化粧品を組み合わせるとより効果的です。

「妊娠中にシミが増えました。使用できますか？」

▶ビタミン A の摂取により胎児の奇形のリスクが高まることが知られています。妊娠・授乳中の方は使用できません。

対象となる肌の悩み　・シミ（日光黒子《こくし》、老人性色素斑）　・肝斑《かんぱん》　・そばかす　・炎症後色素沈着　・小ジワ　・にきび　・毛穴の開き

レチノール外用治療

レチノール外用治療とは

レチノールは必須栄養素であるビタミンＡのことです。レチノールを肌に塗ると吸収されて、レチナール、さらにはレチノイン酸に変化して作用を発揮します。

塗り薬として使われるトレチノインと比較すると生理活性は50分の１程度といわれていますが、効果としては10分の１程度と思われます。

トレチノインは日本国内では承認されていませんが、レチノールは2017年にシワ改善効果が認められ、医薬部外品として販売されています。レチノールを肌に塗ると真皮の線維芽細胞が活性化して、コラーゲンの産生が高まります。また、ヒアルロン酸の産生も高まることから、シワ改善、弾力性の向上が期待されます。そのほか、表皮細胞にも働いて、分化（角化）を促し、キメ・色素沈着・にきびの改善などもみられることが知られています。

レチノール外用治療のメリットとトラブル

トレチノインに比べると刺激性が低いというメリットがあるため、トレチノインが使用できない方にも使っていただけるでしょう。効果はトレチノインの10分の１程度とされていますが、濃度を上げても刺激性は低いため、トレチノインに近い効果を出すことのできる製品もあります。製品によっては質的に劣るものもありますので、医師によく相談してください。

なお、軽度の赤みやヒリヒリ感が出ることはありますが、使用は続けられる程度です。また、吸収されてレチノイン酸として働くため、トレチノインと同様に妊婦の方や授乳中の方は使用を控えるべきでしょう。

患者さんからよくある質問

「トレチノインでは赤くなってヒリヒリしてしまいました。レチノールは使えますか？」

▶刺激性はトレチノインに比べると格段に低いため、使える可能性は高いです。

「どれくらい続けるほうがよいでしょうか？」

▶刺激が出ない限りは継続することにより、肌の老化の改善、悪化予防が期待できます。

対象となる肌の悩み　・シミ　・小ジワ　・にきび

システアミン外用治療

システアミン外用治療とは

システアミンとは、人体に存在する必須アミノ酸L-システインから合成される成分です。とくにヒトの母乳に高濃度で存在する成分で、高い抗酸化作用とメラニン合成抑制作用があります。数多くの臨床研究論文があり、安全性や効果も優れていることから、2012年に成分の安定化、臭いの軽減に成功したのを機にシステアミン5%配合化粧品Cyspera®が誕生しました。Cyspera®はメラニン生成経路に対して8つの阻害経路と抗酸化作用をもち、肝斑《かんぱん》、色素沈着、シミ、そばかすなどを改善させるほか、ナイアシンアミドという成分により透明感とハリとつやのある肌に導きます。

なお、Cyspera®は医療機関専売のクリームです。

システアミン外用治療のメリットとトラブル

Cyspera®の場合、1日1回、塗布してから15分後に洗い流します。肝斑、シミ・そばかす、ハリ・つやを改善します。顔のほか、首、手、肘、膝、唇、乳輪、デリケートゾーンなどあらゆる部位に使用可能で、使用期間の制限はありません。ハイドロキノンアレルギー、ハイドロキノンによる刺激、トレチノインによる皮剝けが気になる方も使用可能で、刺激や副作用がほとんどなく、日光にあたることについても制限はありません。

開始から数日のあいだは、赤みや刺激が出ることがありますが、洗い流してから30分程度で治まり、また、使い続けることで徐々に肌が慣れ、その症状はなくなります。乾燥した肌に塗ると、赤みや刺激、発疹などが起こる場合があるため、洗顔後ではなく基礎化粧品もしくは保湿剤を塗った後に塗ってください。

妊娠、授乳中は使えません。ピーリング、トレチノイン、高濃度レチノールとの併用はできません。

患者さんからよくある質問

「パーマ液のにおいがしますが、皮膚に塗っても大丈夫ですか？」

▶パーマ液にも配合されている成分ですが、パーマ液ではありません。効果と安全性は確認されています。

対象となる肌の悩み　・肝斑　・色素沈着（体、顔）　・シミ（日光黒子《こくし》、老人性色素斑）
・くすみ　・ハリの低下　・つやの低下

プラセンタ注射

プラセンタ注射とは

プラセンタは胎盤のことで、胎児に酸素や栄養を供給し老廃物の除去を行うなど、胎児が健やかに成長するためのさまざまな機能を有しています。プラセンタには、蛋白質、脂質、炭水化物、ビタミン、ミネラルの五大栄養素やさまざまな成長因子が存在します。厚生労働省から承認されたプラセンタ注射薬は 2 種類あり、メルスモン® は乳汁分泌不全と更年期障害に対して、ラエンネック® は肝機能の改善を効能・効果として保険適用が認められています。美容目的での使用は自由診療となります。

プラセンタ注射のメリットとトラブル

プラセンタ注射には、自律神経調整作用、内分泌調整作用、免疫賦活作用、抗炎症作用、活性酸素除去作用、血行促進作用などがあります。そのほかに、アレルギー疾患、自己免疫疾患、肝疾患、鬱《うつ》病・自律神経失調症・不眠症などの精神科疾患、肩こり・腰痛・膝痛などの整形外科疾患、がん治療時の QOL の改善、疲労の回復、肌荒れ・乾燥肌などの肌トラブルにも効果があるといわれています。美容目的で使用する場合は 1 ～ 2 週に 1 回、1 ～ 4 アンプル程度を 5 回ほど継続し、効果があるようなら適量でさらに継続します。

なお、プラセンタ注射は特定生物由来製品であることから、クロイツフェルト・ヤコブ病の感染のリスクを減らすために注射後は献血できません。ただし、国内外においてプラセンタ注射による感染症の報告はなく、もともと感染のリスクも 1 億人に 0.04 人と非常に低いです。

患者さんからよくある質問

「プラセンタの成分を使った注射以外の治療法はなんですか？」

▶プラセンタの成分を肌表面から取り込む方法としてイオントフォレーシス、エレクトロポレーションのほか、直接注入するメソテラピーなどがあり、シミ・シワ・毛穴の開き・にきび・キメの乱れ・くすみの改善、保湿、美白などの効果が期待されます。

対象となる肌の悩み ・シミ　・シワ　・毛穴の開き　・にきび　・キメの乱れ　・くすみ　・乾燥肌

トラネキサム酸治療

トラネキサム酸治療とは

トラネキサム酸は抗プラスミン作用により、出血、アレルギー、炎症を抑える作用があります。蕁麻疹《じんましん》にも効果があることから、肝斑《かんぱん》を合併している蕁麻疹の患者さんにトラネキサム酸を飲ませたところ、肝斑が改善したため、肝斑治療の飲み薬として注目されるようになりました。日本から始まり、現在、世界中でその効果が確認されています。炎症後色素沈着でも効果がある場合があり、おそらく軽い炎症を伴う色素沈着症で効果を発揮するものと思われます。すべてのシミに効果があるとはいえません。化粧品成分としても使用され、やはり美白効果が期待されています。

トラネキサム酸治療のメリットとトラブル

肝斑に対しては最も効果が確認されている治療法といってよいでしょう。即効性はありませんが、2カ月以上継続して飲み続けることで効果を実感される方が多いです。飲み薬のトラネキサム酸の副作用はほとんどありませんが、血栓をつくりやすくする作用があるため、以前に血栓症を起こした方やピルを飲んでいる方では注意が必要です。また、安全性を考えて3カ月以上の継続は避け、3カ月継続したら、数カ月休んでから再開します。

トラネキサム酸が含まれた化粧品の効果は飲み薬には劣りますが、薬を飲めない場合の代替治療として近年注目されています。

患者さんからよくある質問

「トラネキサム酸はシミならなんにでも効きますか？」

▶臨床試験で明確な効果が示されているのは肝斑に対してのみです。経験的に炎症後色素沈着にも効果はありますが、そのほかのシミでは十分に効果が確認されたものはありません。

「肝斑はトラネキサム酸内服だけで治りますか？」

▶肝斑の治療は、トラネキサム酸の飲み薬に加えて、メラニン抑制作用をもつビタミンCの飲み薬も併用し、医療機関専売の美白剤であるハイドロキノンやシステアミンを塗るなどの複合的治療が必要です。また、サンスクリーン剤を毎日使用して紫外線を防御し、洗顔など日常のケアの際の摩擦を避けて悪化させないことも重要です。

対象となる肌の悩み　・肝斑　・炎症後色素沈着

イソトレチノイン内服治療

イソトレチノイン内服治療とは

イソトレチノインは、レチノイドと呼ばれるビタミンA誘導体の一種で、皮脂腺を縮小させて皮脂の分泌を抑える作用や、皮膚の角化を抑制して毛穴の詰まりを解消する作用があり、重症のにきびに効果を発揮します。ロアキュタン、イソトロイン、アクネトレントなどの飲み薬があり、それらを使用した治療をイソトレチノイン内服治療といいます。海外では、重症のにきびに有効な飲み薬として長年使用されていますが、日本では厚生労働省の承認が下りていないため、保険が適用されません。しかし、保険適用のにきび治療で改善せず悩んでいる方は、試してみる価値があります。内服開始1カ月程度で一時的ににきびが悪化することがありますが、2～3カ月で改善していきます。にきびが改善しても、すぐに中止すると再発するリスクが高いため、5～6カ月程度は飲み続け、治療終了となります。

イソトレチノイン内服治療のメリットとトラブル

後述する副作用のため、慎重に使用しなければならない薬ではありますが、医師の指示のもと、用法・用量を守って使用することで、治りにくいにきびにも高い治療効果が期待できます。イソトレチノインの副作用には、肌や粘膜の乾燥症状や肝機能障害、血中コレステロール値の上昇があります。そのほかの重大な副作用として、胎児の催奇形性があるため、妊娠している女性や妊娠を予定している女性は内服することができません。

患者さんからよくある質問

「内服中に気を付けることはありますか？」

▶内服中に妊娠すると、流産や胎児の奇形を引き起こすことがあるため、必ず避妊する必要があります。また、治療中は光感受性が高まるため、日焼けをしやすくなります。必ずサンスクリーン剤をしっかり塗って外出するようにしましょう。そのほかに、ビブラマイシン® やミノマイシン® など、にきびの治療でよく用いる抗生剤の飲み薬は、飲み合わせがよくないため注意が必要です。

対象となる肌の悩み ・にきび（重症）

保湿

保湿とは

「肌が潤っている」とは肌の水分量が保たれていることで、この肌の保湿状態を決めているのは、表皮、真皮ではなく角層です。加齢などのために角層の保湿成分が減少し、季節や空調により湿度が低下すると、角層中の水分量が 20 ～ 30% を下回り、乾燥肌になります。角層の水分を保つための保湿剤は、エモリエントとモイスチャライザーに分類されます。エモリエントは、皮膚の表面に油膜を形成して、角層中の水分を逃がさない作用があるもので、代表的なのは、鉱物油（ワセリンなど）、植物油（オリーブ油、ホホバオイル、米ぬか油など）、動物油（スクワランなど）です。モイスチャライザーは、角層に浸透して水分を保持する作用があるもので、代表的なのは、セラミド、アミノ酸、ヒアルロン酸、コラーゲン、エラスチン、レシチン、尿素、ヘパリン類似物質などです。

保湿のメリットとトラブル

保湿を十分にすることで肌のバリア機能が補強されるため、外的刺激による肌トラブルの予防、しいては小ジワなどのエイジング対策にもなります。一方、にきびができやすいような皮脂が多めな肌質の方には、オイルやクリームは、毛穴が詰まってにきびの原因になることがあるため注意が必要です。年齢や肌質にあった保湿剤を選びましょう。

患者さんからよくある質問

「40 歳代になり乾燥が目立ちます。保湿成分はどのようなものを選んだらよいでしょうか？」

▶40 歳代からは、肌の水分も油分も低下するため、セラミドなどのモイスチャライザーが配合された保湿剤をお勧めします。動物性の天然セラミド、植物性セラミド、合成セラミドなどがありますが、ヒト型セラミドが、刺激が少なく保湿効果に優れています。

「ヒアルロン酸やヘパリン類似物質は、シワにも効果がありますか？」

▶ヒアルロン酸やヘパリン類似物質は保湿効果があるため、乾燥による小ジワを改善することはできますが、深いシワには効果がありません。

対象となる肌の悩み　・乾燥肌　・ちりめんジワ

Creator's Association of Beauty

CABメンバー愛用の化粧品、医療機器

＊各化粧品や成分の名称等のTMマークおよびRマーク（®）は割愛しております

＊化粧品、医療機器の詳細情報につきましては、各社ウェブサイトを確認するか、皮膚科医にお尋ねください

■巡活（JUNKATZ）

・皮膚科医との共同研究による大学発の化粧品を原型としたローション、エッセンス、クリームです

・角層の奥まで浸透するビタミンC誘導体が美白、抗酸化作用を発揮します

・角質細胞間脂質であるセラミドを3種類配合し、保湿とバリア機能を高めています

・コラーゲン、ヒアルロン酸、天然由来保湿成分も配合して高い保湿性を発揮します

■ VC ジェル 2%

・浸透型ビタミンC誘導体Funcos C-ISが高濃度に配合された、医療機関専売の高保湿ジェル製剤です

・ビタミンCは抗酸化、美白、コラーゲン合成、皮脂の抑制などの効果をもちます

・にきび痕、シミ、くすみ、色素沈着やレーザーなどの施術後にも使用できます

・ターンオーバー促進、抗酸化作用のあるビタミンA、Eが肌の若々しさを保ちます

■MT メタトロン LUKA

- 美容施術後のバリア機能の低下した肌を、素早くかつスムーズにケアするための製品です
- パンテノール、ナイアシンアミド、グリチルリチン酸ジカリウムなどを配合しています
- 保湿・整肌・皮膚保護に働く全35種の美容成分で、肌のバリア機能を回復させます
- リペアローションとリペアクリームの重ね使いでケアします

■ラメラボ（LAMÉLABO）

- 角層のバリア機能を整える独自のナノカプセル技術を生かしたエッセンスセラムを含むシリーズです
- 他の製品には有効成分を角層深く、より多く届ける二重構造ナノカプセル技術も取り入れています
- 医療機関専売の年齢に応じたエイジングケアを目指す化粧品ブランドです
- 敏感肌の方での使用試験成績について論文発表しています

■コラージュリペア

- 製薬会社の研究から生まれた乾燥肌・敏感肌用化粧品シリーズです
- トラネキサム酸・浸透型セラミドを配合して、肌荒れ、炎症の軽減を図ります
- 保湿成分を豊富に含有して、継続使用によるバリア機能改善を目指しています
- 高濃度トラネキサム酸配合の医療機関専売美容液もラインアップしています

■ディーアールエックス AZA クリア

・アゼライン酸を配合したクリームで、海外では以前からにきびに使用されてきました
・にきびの面皰《めんぽう》と炎症性皮疹に対して朝晩2回の塗布で有効性が認められています
・使用開始初期に刺激を感じる場合がありますが、1週間ほどで慣れます
・海外、日本で多くの臨床試験が行われ、その有効性と安全性が確認されています

■ディーアールエックス HQ ブライトニング

・メラニン産生抑制作用の高いハイドロキノン配合のシミ用美容液です
・ハイドロキノンの安定性を高める工夫をしているため、常温保存が可能です
・ハイドロキノンの刺激性を抑えた化粧品で、医療機関限定で18年以上販売されています
・日本での臨床試験により、効果と安全性が確認されています

■ディーアールエックス HQ ダブルブライト E

・ハイドロキノン配合のシミ用クリームです
・高い安定性と低い刺激性、シミだけに塗りやすい剤形である特徴があります
・天然型ビタミンEであるトコフェロールを配合して抗酸化力を高めています
・医療機関限定で販売しています

■セタフィル（Cetaphill）

- 皮膚専門の製薬会社が乾燥肌・敏感肌用に開発し、長年使われている化粧品です
- 無香料、低刺激性でナイアシンアミド、パンテノール、グリセリンなどを配合しています
- 洗顔料、化粧水、保湿剤のラインアップで、日常のスキンケアをサポートします
- 潤いのもとを与え、満たし、逃さないことで乾燥肌・敏感肌を改善させます

■ゼオスキンヘルス（ZO SKIN HEALTH）

- 皮膚科医オバジ氏により開発された米国発医療機関専売のスキンケアシステムです
- トレチノイン、ハイドロキノンなどの有効成分を組み合わせています
- 年齢や肌タイプに関係なく肌を健康に保つための包括的な解決法を提供します
- 効果がある反面、刺激性のある成分も含まれているため、医師の指導のもとに使用していただきます

■シスペラ（Cyspera）

- システアミン5%とナイアシンアミドを配合したクリームです
- 高い美白効果が知られていたシステアミンの製品化にようやく成功した製品です
- ハイドロキノンが使えない方でも、シミ、くすみ、肝斑《かんぱん》、炎症後色素沈着を改善します
- ナイアシンアミドによる肌質改善効果も同時に期待できます

■プラスリストア（plus RESTORE）

・レーザー・光治療後のダメージ肌のためのメディカルスキンケアシリーズです
・抗酸化機能の高い成分として話題のフラーレンを含有しています（ハイドロキノン配合製品、サンスクリーン剤のみ）
・フォーム状の洗顔剤で施術後の肌にも機械的な摩擦刺激が少ない洗浄が可能です
・医療機関専売で医師の指導のもとで使用します

■ミックスピール　マヌカ

・ケミカルピーリング剤としてグリコール酸、乳酸、サリチル酸を配合しています
・創傷の治癒促進効果のあるマヌカハニーのハチミツエキスも配合しています
・通常のピーリング効果とマヌカハニーエキスの抗菌・保湿・被覆作用が期待されます
・肌のざらつきを改善し、つやを与え、キメを整え、なめらかにします

■レスチレン（Restylane）

・厚生労働省とFDA（米国食品医薬品局）の承認を取得しているヒアルロン酸注入材です
・架《か》橋《きょう》剤を約1％まで減らして、異物反応を減らし、安全性を高めています
・日本では2種類の製品があり、いずれも麻酔薬入りで注入時の痛みが軽減されます
・リフト力が高いのが特徴で、使用部位、症状の程度によって2種類を使い分けます

■マイリ（MaiLi）

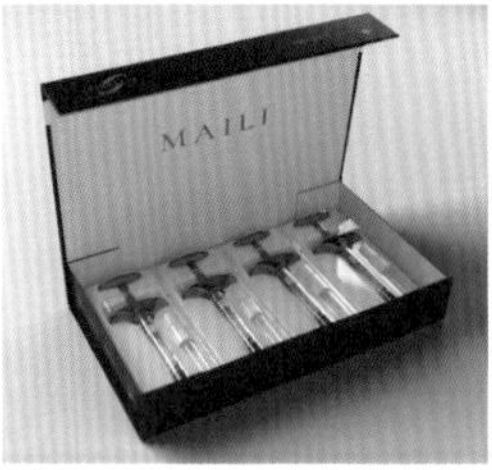

- 製造過程での酸化による劣化を防ぐことで隆起効果を高めたヒアルロン酸製材です
- シワ、たるみに対してダウンタイムがほとんどなく、効果がわかりやすい治療が可能です
- 安全性の向上、少量での高い効果が期待される次世代ヒアルロン酸といわれています
- 小ジワ、大ジワ、たるみなど、使用目的に応じて数種類の製材を使い分けます

■スネコス（SUNEKOS）

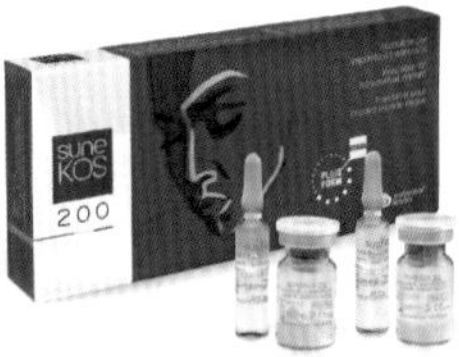

- ヒアルロン酸とアミノ酸を配合した注射剤で、臨床試験で安全性が立証されています
- 光老化が起こっている肌の再生のための土台をつくり、自らの力での肌再生を促します
- コラーゲンとエラスチンの合成を同時に促進させ、アンチエイジング効果を発揮します
- 小ジワの減少、肌のハリ・つや・弾力を改善し、自然な若返り効果を目指します

■ジャルプロスーパーハイドロ（JALUPRO SUPER HYDRO）

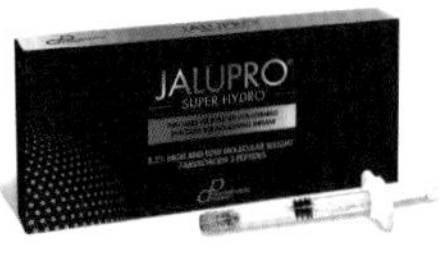

- ヒアルロン酸、アミノ酸7種類、ペプチド3種類が配合された注射剤です
- 光老化した肌の構造を再構築するための足場となる支持組織を修復します
- そのうえで、自己再生能力を発揮させてコラーゲン、エラスチンを産生させます
- 顔や首の肌の引き締め、ハリの改善、小ジワの改善などの効果が期待されます

■メソナＪ（MESONA-J）

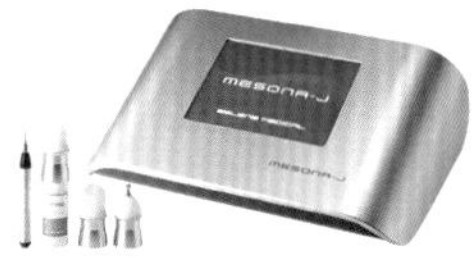

・唯一の国産エレクトロポレーション機器で、種々の品質規格に合格しています
・塗布では角層から浸透しにくい成分を、電気的に隙間をつくり、複数の成分を同時に浸透させます
・ビタミンC、ヒアルロン酸、トラネキサム酸などを痛み、ダメージなく浸透させます
・ダウンタイムはなく、施術直後から効果が感じられ、満足度の高い施術です

■ヒーライトⅡ（HEALITE Ⅱ）

・FDA(米国食品医薬品局)の承認を取得したLED照射機器です
・LED照射により血流促進、毛母細胞の活性化がもたらされ、発毛効果が期待できます
・LEDによる治療は、日本皮膚科学会による脱毛症治療に関するガイドラインでも推奨されています
・さまざまな美容施術後のダウンタイムの軽減にも有効な機器です

■ノーリス（Nordlys）

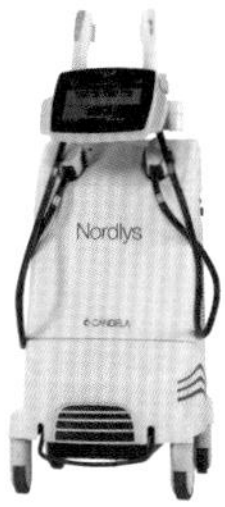

・IPL照射機の最新モデルで、多様な設定が可能で安全かつ効果的な治療が可能です
・IPL照射機では初めて色素性疾患と血管病変の２つの適応症で薬事承認を取得しました
・老人性色素斑、雀卵斑《じゃくらんはん》などの表在性色素性疾患治療が可能です
・毛細血管拡張症、赤ら顔などの血管病変の治療にも適しています

■ミニジュール（mJoule）

- シミ、そばかす、くすみ、にきび、脱毛などの治療が可能なIPL照射機です
- 従来の4倍の照射スピードで施術を行えるため、治療時間を短縮できました
- 冷却機能の向上により、施術を途中で止めることなく、広範囲の治療が可能です
- 治療部位への熱の到達を数回に分ける方法で痛みを軽減することができます

■ステラ M22（Stellar M22）

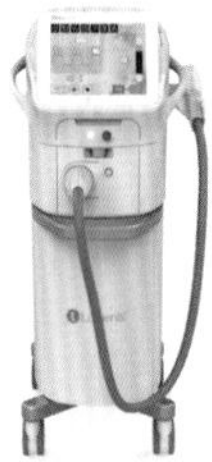

- 厚生労働省の承認を受けている、20年以上の歴史をもつフォトフェイシャルの最新治療機器です
- さまざまな肌悩みに対応できるとともに、患者さんに応じたカスタマイズ治療が可能です
- 施術時間は1回約15分と短く、ダウンタイムがないため、多くの方に支持されています
- フォトフェイシャルはルミナス・ビー・ジャパン株式会社の登録商標です

■フラクショナルモード搭載 炭酸ガスレーザー エフ

- 通常モードとともにフラクショナル照射も可能な炭酸ガスレーザーです
- 通常の使い方ではほくろ、いぼ、スキンタッグなどを取り除くことができます
- フラクショナル照射では傷痕、毛穴の開き、にきび痕などの改善が可能です
- 小ジワやハリの改善にも使用され、肌の若返りも期待できます

■ポテンツァ（POTENZA）

- 細い針の先から高周波（radio frequency；RF）を流して施術するニードルRFの機器です
- 針で細かい傷をつくり、それが修復されることにより傷痕、にきび痕を改善します
- チップを変えて薬液を浸透させることにより、肝《かん》斑《ぱん》、酒さ、肌の若返りなども行えます
- １～５回の治療で効果が実感できると患者さんから評価されています

■ウルトラセルジー（ULTRAcel [zi:]）

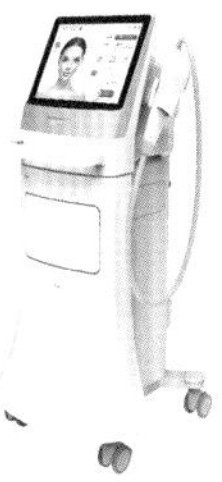

- 集束型超音波によりリフティング/タイトニングを行うHIFU治療機です
- 深さを変えられるカートリッジで細かく調整してたるみ、シワを改善します
- 点状、線状両者の照射が可能で、スピーディにかつ痛みを抑えて治療できます
- 顔、首だけでなく、腹部、二の腕、お尻、太腿などのタイトニングも可能です

■アヴィクリア（AviClear）

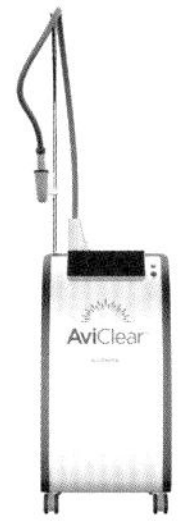

- FDA（米国食品医薬品局）の承認を得た1,726nm波長のレーザーシステムです
- 過剰に産生された皮脂および皮脂腺を加熱、傷害してにきびの根元に作用します
- 3回の治療でにきびを長期間にわたって改善し、維持することが報告されています
- クーリングシステムにより火傷を予防し、痛みを大幅に軽減します

■ザ・ルビー Z1 Nexus（The Ruby Zl Nexus）

・厚生労働省の承認を取得したQスイッチルビーレーザーです
・シミ・そばかすなどの表在性色素沈着では1回の治療で効果が感じられます
・後天性メラノサイトーシスなどの深い色素沈着では数回の治療が必要です
・独自の技術により炎症後色素沈着を可能な限り抑えた機器です

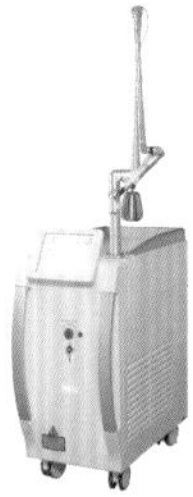

■ハリウッドスペクトラ（HOLLYWOOD SPECTRA）

・FDA(米国食品医薬品局)の承認を取得したレーザー機器です
・Nd：YAGレーザーの532nmと1,064mの2つの波長を用いて治療します
・532nmでシミ、そばかす、扁平《へんぺい》母斑などの浅い色素沈着を治療します
・1,064nmでより深い太田母斑、後天性真皮メラノサイトーシス、刺青を治療します

■ピコウェイ（PicoWay）

・厚生労働省の承認を取得したピコ秒レーザー機器です
・3つの波長のレーザーを搭載し、さまざまな色素性病変の治療が可能です
・532nmフラクショナルハンドピースで光音響的損傷による治療も可能です
・ダウンタイムを最小限に抑えながら、顔全体の治療も行えます

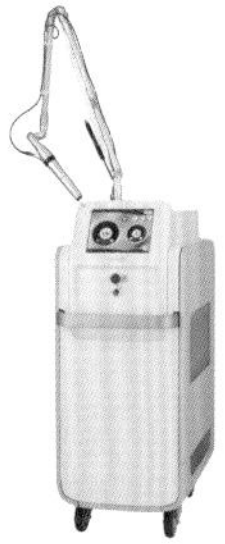

■ジェントルマックス プロ プラス(GentleMax Pro Plus)

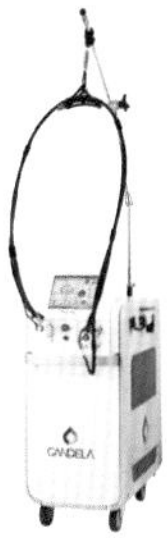

・厚生労働省の承認を取得した医療用レーザー脱毛機器です
・世界88カ国で20,000台以上が使用されているGentleシリーズの最新機器です
・755nm、1,064nmの2波長を使い分け、肌質、毛質に合った安全な医療脱毛が可能です
・脱毛だけでなく、シミ、そばかす、くすみなどの色素性病変の治療にも使用されます

■スプレンダーX(SPLENDOR X)

・厚生労働省の承認を取得した医療用レーザー脱毛機器で2種類の冷却法で痛みを緩和します
・1回で2種類の波長(アレキサンドライト、Nd:YAG)の連続照射が可能です
・色白肌から少し暗めの肌の方まで、また細い毛から太い毛まで対応できます
・大口径のハンドピースによる照射でスピーディに、またスクエアスポットで打ち漏れも少ない機器です

■クラリティⅡ(CLARITY Ⅱ)

・FDA(米国食品医薬品局)の承認を取得した医療用レーザー脱毛機器です
・アレキサンドライトとNd:YAGの2種類のレーザーを使用します
・肌の色に合わせ、産毛から剛毛まで幅広く安全な脱毛が可能です
・エアー冷却で痛みの少ない脱毛が可能です

■ヴィーナスヴェロシティー（Venus Velocity）

・広範囲をスピーディに施術可能な医療用ダイオードレーザー脱毛器です
・顔、VIOを除く全身脱毛でも約40分で終了します
・蓄熱式と熱破壊式の切り替えで、幅広い毛質、肌質、日焼け肌の人にも対応可能です
・コンタクトクーリングシステムにより、痛みなどの不快感を軽減できます

■ライトシェア クアトロ（LightSheer QUATTRO）

・厚生労働省の薬事承認を受けた医療用レーザー脱毛機です
・2種類のダイオードレーザーの波長（805nm、1,060nm）を搭載しています
・細い毛から太い毛まで対応でき、肌質に合わせたきめ細かい施術も可能です
・肌を吸引しながら照射することで、痛みを緩和し、脱毛効率を上げます

美容 keyword 解説

美容医療を理解するために大切な言葉をまとめました。

表皮

肌の表層を形成する部分で、最下層から肌表面に向かって、基底層、有棘層《ゆうきょくそう》、顆粒層《かりゅうそう》、角層に分けられます。表皮を成す細胞をまとめて表皮細胞と呼びます。基底層に存在する基底細胞は細胞分裂して、そのうちの片方の細胞が有棘層、顆粒層の細胞に変化して、最終的に角層を形成します。この過程を角化と呼びます。表皮の細胞同士は強力な接着構造をもっており、バラバラになることはありません。表皮内には血管はなく、真皮にある血管から栄養を受け取っています。そのため、表皮だけを薄く擦りむいても出血はなく、ジュクジュクするだけです。出血のある傷は表皮の下の真皮に及んでいる証拠です。表皮の基底層には私たちの肌の色を左右するメラニンをつくるメラノサイトが存在しています。なお、メラニンはシミの原因の色素でもあります。

ターンオーバー

表皮では、基底層から有棘層《ゆうきょくそう》、顆粒層《かりゅうそう》そして角層に至り（角化）、自然に剝がれ落ちるという一連の流れが日々くり返されています。これはターンオーバーと呼ばれるもので、基底層から最上層の角層が剝がれ落ちるまでに通常 45 日程度かかります。健康な状態では角層が剝がれ落ちるのを目にすることはありません。しかし、手荒れなどの炎症がある場合、ターンオーバーの期間は短くなり、次から次に角層がつくられ、剝がれ落ちます。そのようなときは肌がカサカサし、角層が剝がれるのが目で確認できるようになります。

角層

角層とは、皮膚の最も表層のことです。ケラチンという薄い板状の角質細胞が重なり合ってできています。顔では厚さは 20 μmくらいでラップフィルム 1 枚分の厚さしかありません。角質細胞は死んだ細胞で、剝がれ落ちていくものですが、私たちの体を外敵（細菌、ウイルス、アレルギー物質など）から守る役割（バリア機能）と肌の潤いを保つ役割（保湿機能）をもつ大切な構造です。角層の表面には皮脂腺でつくられた皮脂からなる皮脂膜、角質細胞にはアミノ酸などの天然保湿因子、角質細胞と細胞のあいだには角質細胞間脂質が存在しており、それぞれ保湿機能、バリア機能に役立っています。角層の構造は、角質細胞をレンガに、角質細胞間脂質をモルタルに見立てると理解しやすいでしょう。

角質細胞間脂質

角層に層を成して存在する角質細胞のあいだを埋めている脂質です。表皮細胞でつくられた脂質は、角質細胞のあいだに供給され、脂質の層状構造を何層にも重ねて構築します。角層のバリア機能と保湿機能に重要な働きがあります。その成分の半分を占めるのがセラミドと呼ばれる脂質です。アトピー性皮膚炎の患者さんでは、セラミドが減少してバリア機能が低下し、乾燥肌となります。加齢に伴う乾燥肌でもセラミドの減少がみられます。天然あるいは合成されたセラミドが配合された化粧品は保湿効果が期待できます。

天然保湿因子（natural moisturizing factor；NMF）

NMFは、アミノ酸を中心とする複数の成分により構成されている成分です。角質細胞同士の接着や、角層のバリア機能に貢献しているフィラグリンが分解された際にできるものです。アミノ酸は水分を蓄える力があることから、保湿化粧品によく配合されています。なお、NMFには、アミノ酸のほかに尿素、ヘパリン類似物質なども含まれており、これらの成分は医薬品の保湿の塗り薬にも使われています。

真皮

肌の一部を形成する層の１つで、表皮の下にあります。コラーゲン、エラスチンという肌のかたちを保つ線維構造と、そのあいだを埋めるヒアルロン酸などの基質（細胞外マトリックス）から成ります。表皮には血管はありませんが、真皮にはたくさんの血管が走っています。また、真皮には、汗腺（汗をつくり肌表面に出す器官）、毛包（毛をつくり生やす器官）、皮脂腺（毛包に付属し皮脂を産生する器官）があります。コラーゲン、エラスチンは、加齢と太陽光線による影響で変性し、その結果、シワやたるみが生じます。

コラーゲン（膠原《こうげん》線維）

真皮に存在する線維芽細胞から産生される蛋白線維で、真皮の成分の約 7 割を占め、肌の構造を保つために大切な役割を有しています。加齢と光老化により、線維芽細胞からコラーゲンの産生が低下して不足し、構造を保てなくなった結果、シワが生じます。美容医療では、コラーゲン製材を注射することでシワを改善する方法もあります。以前は異物反応を起こして問題になることもありましたが、最近の製材は安全性が向上しています。

エラスチン（弾性線維）

真皮に存在する線維芽細胞から産生される蛋白線維には、コラーゲンのほかにエラスチンがあります。コラーゲンを束ねるように走っているエラスチンには、肌の弾力性（つまんだり、伸ばしたりした後にもとに戻る力）を保つ働きがあります。コラーゲンと同様にエラスチンも加齢と光老化によって損なわれるため、それらの原因によって正常なエラスチンが減少し、異常な線維が増殖して、弾力性が損なわれます。そして、コラーゲンとエラスチンの減少によりシワやたるみが形成されます。

細胞外マトリックス（extracellular matrix；ECM）

真皮にはコラーゲン、エラスチン、血管、神経、汗腺、毛包などがあり、それらのあいだを基質（ECM）が埋めています。ECM に含まれる成分には、線維構造の安定性をもたらす糖蛋白質や、水分保持能力が高いヒアルロン酸があります。これらは線維芽細胞からつくられますが、加齢に伴い減少するため、ヒアルロン酸製材を注射することでシワやハリの低下を改善できます。

表在性筋膜（superficial musculoaponeurotic system；SMAS）と支持靭帯（retaining ligament）

顔のかたちの変化にはシワとたるみがあります。シワは真皮の変化によって起こりますが、たるみは真皮の変化だけでは説明できません。たるみが生じるのは、皮膚の下に存在する皮下脂肪組織とその下の筋肉をつなぐ SMAS、さらにその下の骨と真皮とをつなぐ支持靭帯の加齢変化が原因です。これらが筋肉、脂肪組織と真皮を支えていますが、加齢に伴いその機能低下が生じると、重力にあらがえなくなり、垂れ下がってたるみとなります。かつては、外科的なリフトアップ手術が第一選択でしたが、昨今の美容医療では、この支える構造を強化する施術も行われるようになってきました。

汗腺

体内の水分調整、体温調整に重要な汗をつくる器官を汗腺といいます。汗腺には2種類あり、1つは全身に分布して、温熱や緊張により汗を産生するエクリン汗腺で、もう1つは耳の後ろ、わき、乳輪、陰部などの特定の場所にしかないアポクリン汗腺です。多量の汗が出る多汗症の原因はエクリン汗腺です。一方、腋臭《えきしゅう》症（わきが）の原因となるのはアポクリン汗腺です。汗を抑制する方法もいくつかありますが、美容医療でしばしば行われるのはボツリヌストキシン製剤注入です。また、最近マイクロ波を使用して汗腺を破壊する治療法も開発され自費診療で活用されています。

毛包

毛をつくり、その毛を包み込む構造の器官で、手のひら、足の裏以外のほぼ全身にあります。毛包の基部である毛母には毛乳頭細胞とそれを包むように毛母細胞があり、この両者が共働して毛をつくっています。また、毛母にはメラノサイトがあり、毛にメラニンを供給しています。メラニンの種類と量によって毛の色が決定づけられているため、毛母のメラノサイトの機能が落ちることにより、毛が白くなります。レーザー脱毛では毛母のメラノサイトが標的で、メラニンにレーザーが吸収されて熱エネルギーとなり、メラノサイトとその近くの毛母細胞が破壊されることで毛が抜けます。

紫外線

地上に降り注ぐ太陽光線には紫外線、可視光線、赤外線があります。そのうち肌への影響が大きいのは紫外線です。紫外線には波長の短い方からB波（UVB）とA波（UVA）があります。UVBは日焼けの原因で、基底層まで侵入し、赤く腫れさせ、時には水ぶくれを起こすこともあります。また、メラノサイトを刺激するため、メラニンが大量につくられ、シミができます。UVAはシワの原因で、表皮から真皮にまで到達して、コラーゲン、エラスチンを傷つけます。サンスクリーン剤にはこの2種類の紫外線を抑制する効果があり、その効果の程度は、それぞれSPF、PAで示されています。

赤外線

太陽光線のなかで最もエネルギー量が大きいのは赤外線です。赤外線が肌にあたると熱として感じられます。日陰から日なたに出たときに急に暑く感じるのは赤外線のためです。なお、赤外線には、近赤外線、中間赤外線、遠赤外線があり、こたつや炭火焼きに活用されているのは遠赤外線です。波長の短い近赤外線は皮膚温を上げるだけではなく、真皮から皮下、さらには筋肉にまで到達するため、太陽光線に無防備にあたるとSMASや支持靱帯が傷つき、たるみの原因となるおそれがあります。また、近赤外線は皮脂腺を増殖させる作用もあるため、顔に生じる脂腺増殖症を起こす可能性もあり、美容的にはマイナスの作用をもたらすことも疑われています。

光老化

肌は年齢とともにシミ、シワ、たるみなどの変化が起こります。その原因の20%は加齢に伴う自然老化とされていますが、残りの80%は太陽光線、なかでも紫外線の影響といわれています。光老化は紫外線、とくにUVAによるシワ、UVBによるシミがよく知られていますが､最近では可視光線の一部もシミの原因になり得る、近赤外線がたるみの原因として疑われるなど、紫外線以外の太陽光線による光老化もあると考えられています。光老化を防ぐための基本は、サンスクリーン剤を運動や行楽のときだけでなく、普段からこまめに使用することです。

SPF（sun protection factor）

サンスクリーン剤が、太陽光線による日焼けの赤みをどの程度抑制できるかを表す指標です。最高値は「50＋」で、たとえばSPF30とは、肌に何も塗らずに太陽光線にあたると10分で肌が赤くなる人が、10分の30倍である300分まで赤くなるのを延長できるという意味です。太陽光線のなかでもUVBが主として赤みの原因となるため、UVBに対する防御能と考えてよいでしょう。UVBはシミの原因でもあるため、普段使いならSPF30以上、運動や行楽の際にはSPF50程度の値のものがお勧めです。

PA（protection grade of UVA）

サンスクリーン剤が、UVA にあたった直後に起こる肌が黒くなる現象をどの程度抑制できるかを示す指標です。UVA 防御効果がある PA+ から防御効果がきわめて高い PA++++ まであります。光老化予防には実際に塗った場合に、SPF15、PA+ 以上の機能が発揮されている状態を継続することが必要とされていますが、サンスクリーン剤に表示されている効果を得るためには、一般の方が思っているよりかなり厚めに塗らないとその値に達しないことがわかっています。サンスクリーン剤は、できる限り 2 度塗りすることが推奨されます。

ダウンタイム

レーザー治療などの美容施術では、施術した部位に赤み、腫れ、色素沈着、ヒリヒリ感、かさぶたなどの症状が数日から長いものでは数カ月にわたってみられることがあり、そのあいだは他人にみられたくないと感じて、外出がためらわれるようなことも起こり得ます。この期間をダウンタイムと呼んでいます。多くの施術では、化粧や目立たないテープなどによって気になる症状を和らげることができるため、「予想したほどではなかった」と感じられる方が多いです。しかし、念のために、どの程度のダウンタイムが生じるかを施術前に医師によく確認しておくとよいでしょう。

美《び》容《よう》医《い》療《りょう》を受《う》けてみたいと思《おも》ったときに読《よ》む本《ほん》　定価　本体 1,700 円(税別)

2023 年 7 月 22 日　第 1 版 第 1 刷発行 ©

執筆・編集　Creator's Association of Beauty（CAB）
監　　修　川島　眞
発 行 者　松岡武志
発 行 所　株式会社メディカルレビュー社

〒113-0034　東京都文京区湯島3-19-11　湯島ファーストビル
電話/03-3835-3041㈹
編集制作部　電話/03-3835-3043　FAX/03-3835-3040
✉ editor-3@m-review.co.jp
事業推進部　電話/03-3835-3049　FAX/03-3835-3075
✉ sale@m-review.co.jp

〒541-0046　大阪市中央区平野町3-2-8　淀屋橋MI ビル
電話/06-6223-1468㈹　FAX06-6223-1245
URL　https://publish.m-review.co.jp

印刷・製本／株式会社シナノ
用紙／株式会社彌生
乱丁・落丁の際はお取り替えいたします。

ISBN 978-4-7792-2785-1　C2077